시편 107:1

"여호와께 감사하라 그는 선하시며 그의 인자하심이 영원함이로다."

다니엘 기도(감사편)
유튜브 QR 링크

PRAYER NOTEBOOK
기도수첩 vol. 2
다니엘 기도 (감사편)

초판 1쇄 발행 | 2025년 12월 5일

펴낸이 | 조창삼
펴낸곳 | 더블레싱

지은이 | 정희승
관리팀 | 전영수, 김종숙
총무팀 | 김미경

출판등록 | 제 2024-000157
주소 | 경기도 성남시 분당구 돌마로 46, 407-37호
전화 | 031)716-0091
이메일 | bamboos@naver.com

ⓒ더블레싱
ISBN 979-11-990514-1-6

이 책의 저작권법에 의해 보호를 받는 저작물이므로 무단 전재와 무단 복제를 금합니다.

잘못된 책은 구입하신 서점에서 교환해 드립니다.

책값은 뒤표지에 있습니다.

VOL. 2

PRAYER NOTEBOOK
기도수첩
다니엘 기도 (감사편)

더블레싱

교회 _____

목장 _____

이름 _____

다니엘 금식을
소개합니다

다니엘 금식 기도는 바벨론에 포로로 잡혀갔지만, 우상의 포로로 살지 않고 하나님의 백성으로 살기 위해 다니엘이 선택했던 기도의 삶을 본받는 것입니다.

다니엘은 우상에게 바친 음식을 먹지 않기 위해 오직 물과 채소만 먹으며, 하루 세 번 하나님 앞에 나아가 기도하는 삶을 평생 이어갔습니다.

하나님은 그런 다니엘에게 지혜와 총명을 주셔서 꿈을 해석하고 시대를 분별하는 능력을 주셨고, 바벨론의 모든 통치자들보다 높이 세워 주셨습니다.

- 다니엘 금식은 야채와 물만 먹는 부분 금식이지만, 개인의 상황과 건강 상태에 따라 음식의 조절은 다양하게 할 수 있습니다. 그러나 반드시 그동안 즐겨하던 오락(인터넷, 드라마, 게임, 술, 담배 등)을 내려놓고, 말씀과 기도에 집중하며 어려운 이웃을 돌아보는 것이 핵심입니다.
- 무엇이든 혼자 하면 어렵지만, 함께 하면 쉬워집니다.
- 이번 21일 동안 '다니엘 금식 기도 가이드 영상'과 '기도 수첩'이 여러분과 함께하며 영적 여정을 도와줄 것입니다.

이번 다니엘 금식의 주제 : 감사

- 이번 다니엘 금식 기간에는 특별히 '감사'에 초점을 맞추고자 합니다. 매일 다섯 가지 감사 제목을 수첩에 기록해 보며 하나님께 감사 기도를 올려드리세요.
- 또한 그 감사를 목장 식구들과 카톡방이나 모임에서 나누고, 가정에서도 함께 나누어 보시길 권면합니다.
- 자녀들과도 감사 제목을 함께 적고 나눌 때, 자연스럽게 감사 기도가 가족 예배의 통로가 될 것입니다.
- 매일 감사로 가족 예배를 드렸던 한 자매는 이렇게 고백했습니다.
- "무엇보다 가족이 매일 모여 하루를 나누는 시간이 참 좋습니다. 감사를 나누려면 하루의 일과를 서로 이야기하게 되고, 그러다 보니 아이들이 어떤 기분과 감정으로 지냈는지 이해하게 됩니다. 무엇보다 어떤 상황 속에서도 감사를 찾아낼 수 있도록 도와주니, 삶 속에서 감사하는 습관이 조금씩 자리 잡는 것이 참 귀합니다."
- 자녀들에게 하나님의 일하심을 보게 하는 가장 좋은 방법은 매일 감사 제목을 나누는 것입니다. 그렇게 하다 보면 자녀들은 인터넷 게임보다 가족 간의 대화가 더 큰 기쁨을 준다는 사실을 경험하게 될 것입니다.

- 종교계의 노벨상이라 불리는 **템플턴상**을 제정한 존 템플턴은 이렇게 말했습니다.
- "감사하는 마음은 행복으로 이어지고, 하나님과 함께하게 하며, 모든 근심을 풀어 줍니다."
- 스물하루 동안의 다니엘 금식 기도 여정 가운데 존 템플턴이 말한 '감사의 역사'가 우리 가운데 반드시 일어나리라 믿습니다.
- **함께 갑시다!**

추신

- 다니엘 금식 기도를 처음 시작하시는 분들은 금식에 대한 성경적 묵상을 돕는 **다니엘 금식 가이드 영상과 기도 수첩**을 꼭 참고하시기 바랍니다.

다니엘 Q & A

Q. 먹을 수 있는 음식은 무엇인가요?

A. 각종 과일이나 채소, 물, 주스 정도 입니다.
   (예: 토마토, 오이, 상추, 미역, 고구마, 감자, 옥수수, 기타 등등)

Q. 먹지 말아야 할 음식은 무엇인가요?

A. 자신의 건강 상태에 따라 기름진 고기, 탄수화물, 술, 담배, 커피 같은 기호 식품을 절제해 보세요.

Q. 절제해야 할 활동은 무엇인가요?

A. 게임, 인터넷, TV, 드라마, 영화 등등, 평상시에 즐겨 하던 오락을 끊거나 절제합니다. 주의할 것은 억지로 끊으려고 하기 보다는 그 시간에 기도와 성경 읽기, 묵상, 섬김의 시간을 늘리는 데 집중해 보세요. 예전에 즐기던 오락 활동들이 저절로 끊어집니다. 성령의 열매 중, 절제의 열매를 맺어 보시기 바랍니다. (갈라디아서 5:16)

Q. 해야 할 활동은 무엇인가요?

A. 기도의 시간과 장소를 정하십시오.

A. 중보 기도 대상자를 정해서 기도하시고, 그들의 필요를 보여 주십사 기도하십시오.

A. 섬김의 시간들을 정해 보십시오.

A. 이번 기간 동안 읽어야 할 성경의 범위를 정하십시오.

Q. 주의 해야 할 일은 무엇인가요?

A. 건강 상태에 따라 금식의 정도를 조절할 수 있습니다.

A. 많은 물을 마시고, 햇빛을 받으며 산책하는 시간들을 지키십시오

A. 건강의 문제가 있는 분들은 의사와 반드시 상담을 먼저 한 후에 시작하십시오.

A. 다니엘 금식의 목적은 먹는 시간을 줄여 기도에 집중하자는 것이지, 음식을 안 먹자는 것이 아닙니다.

목차

7   다니엘 금식을 소개합니다.

10   다니엘 Q&A

14   제 1 일 감사로 받는 진짜 선물

21   제 2 일 더 좋은 감사

28   제 3 일 감사는 저절로 되지 않습니다

35   제 4 일 감사함으로 받으면 버릴 것이 없습니다.

42   제 5 일 내 힘으로는 할 수 없는 감사

50   제 6 일 감사는 다릅니다

57   제 7 일 감사 보약

63   제 8 일 은혜가 감사를 깨웁니다

70   제 9 일 오병이어의 감사

77   제 10 일 제로 감사

84	**제 11 일**	감사로 전하는 복음
90	**제 12 일**	감사를 시들게 하는 영혼의 병
98	**제 13 일**	깊은 회개, 더 깊은 감사
105	**제 14 일**	감사의 말, 생명의 말
112	**제 15 일**	감사가 불평을 이깁니다
119	**제 16 일**	감사가 감사를 낳습니다
126	**제 17 일**	함께 할수록 커 가는 감사
133	**제 18 일**	영적 전쟁의 최고 무기, 감사
139	**제 19 일**	감사가 일으켜 줍니다
146	**제 20 일**	예수님의 감사
153	**제 21 일**	감사로 가꾸어 가는 영혼
162	지은이 소개	

제 1 일
감사로 받는 진짜 선물

누가복음 17:14-16

예수께서는 보시고 그들에게 말씀하셨다.
"가서, 제사장들에게 너희 몸을 보여라."
그런데 그들이 가는 동안에 몸이 깨끗해졌다.
그들 가운데 한 사람은 자기의 병이 나은 것을 보고, 큰 소리로 하나님께 영광을 돌리면서 되돌아와, 예수의 발 앞에 엎드려 감사를 드렸다. 그런데 그는 사마리아 사람이었다.

예수님은 열 명의 나병 환자를 모두 고쳐 주셨습니다. 그러나 단 한 사람, 그것도 유대인들에게 멸시받던 사마리아 사람만이 예수께 돌아와 감사를 드렸습니다.
예수님은 물으셨습니다.
"열 사람이 다 깨끗함을 받지 아니하였느냐?
그러나 아홉은 어디 있느냐?
하나님께 영광을 돌리러 돌아온 자가 이 이방인 한 사람뿐이냐?"
저는 늘 궁금했습니다.
'나머지 아홉은 왜 돌아오지 않았을까?'
그러다 문득 이런 생각이 들었습니다.

'혹시 나도 그 아홉 중 한 사람은 아닐까?'

사실 감사하고 싶어도, 무엇을 감사해야 할지 몰라 막막할 때가 있습니다. 잘된 일은 내가 잘해서이고,, 안 된 일은 다 남 탓 같기 때문입니다. 그러나 사마리아 사람은 달랐습니다. 그는 은혜를 깨닫자, 가던 길을 멈추고 예수께 돌아와 감사했습니다.

열 명 중에 단 한 명만이 감사를 드렸습니다. 그만큼 감사는 쉽지 않습니다. 영국의 한 청교도 교회 벽에는 이런 문구가 새겨져 있다고 합니다.

"생각하라, 그리고 감사하라."

영어로 감사하다(thank)와 생각하다(think)는 같은 뿌리에서 나왔습니다. 히브리어에서도 '생각하다'와 '기억하다'는 함께 사용됩니다. 결국 생각·기억·감사는 형제 단어입니다.

결국 감사하지 못하는 것은 감사할 일이 없어서가 아니라 **감사할 것이 무언가 생각하지도, 또 기억하지도 않았기 때문입니다.**

잠시 멈추고 삶을 돌아보면, 따뜻한 집도, 사랑하는 가족도, 일상의 소소한 것들도 모두 주님이 주신 선물임을 깨닫게 됩니다. 그것이 내 것이 아니라 하나님의 선물임을 깨닫는 순간, 감사는 자연스럽게 터져 나옵니다.

그때 감사하기 위해 돌아온 사마리아 사람에게 하셨던 주님의 말씀을 우리도 듣게 될 것입니다.

"네 감사로 내가 영광을 받노라. 네 믿음이 너를 구원하였노라."

예수님은 열 명 모두를 고치셨지만, 구원의 참된 선물을 받은 사람은 단 한 명뿐이었습니다. 감사로 주님께 돌아온 그 한 사람만이, 선물의 포장지를 열어 본 사람이었습니다.

노래는 불러야 노래가 되고, 종은 울려야 종이 되듯, 사랑은 표현해야 사랑이고, 축복도 감사할 때에야 비로소 축복이 됩니다.

하나님은 이미 우리에게 많은 선물을 주셨습니다. 그러나 감사하지 않으면 우리는 그 복을 누리지 못합니다.

오늘, 다니엘 금식 기도의 첫날입니다.

기억하고, 생각하고, 감사합시다.

그때 구원의 참된 선물을 맛보게 될 것입니다.

◇ 감사 기도

요한복음 14:26

"보혜사, 곧 아버지께서 내 이름으로 보내실 성령께서 모든 것을 너희에게 가르치고, 내가 너희에게 말한 모든 것을 생각나게 하실 것이다."

성령님께서 우리 삶에 베푸신 은혜들이 생각나게 해 주십사 기도합시다.

오늘의 감사 제목 5가지 적기

_____

_____

_____

_____

_____

◇ 내일의 소망 (기도제목)을 적어 보고 기도하세요.

빌립보서 4:6-7

"아무것도 염려하지 말고, 다만 모든 일에 기도와 간구로,

감사함으로 하나님께 아뢰라.

그러면 모든 지각에 뛰어난 하나님의 평강이

너희 마음과 생각을

그리스도 예수 안에서 지키시리라."

♡ 오늘의 중보 기도

뷔아피(VIP, 믿지 않는 소중한 가족·이웃·친구)를 위한 기도

이번 다니엘 금식 기도 중에는 잃어버린 영혼들을 위해 꾸준히 기도합니다. 뷔아피의 이름을 적고, 아래 기도제목을 따라 기도해 보십시오.

_____

_____

_____

예레미야 29:13

"너희가 전심으로 나를 찾고 찾으면 나를 만나리라."

성 어거스틴은 이렇게 고백했습니다.
"하나님께서 당신을 위해 사람을 지으셨기 때문에, 사람의 마음은 오직 하나님 안에서 안식을 얻을 때까지는 안식을 누리지 못합니다."
뷔아피들이 세상의 즐거움과 편안함 속에서도 마음의 안식을 누리지 못함을 깨닫고, 하나님을 향한 목마름과 갈급함이 생기도록 기도합시다.

† 마무리 기도

사랑하는 주님,

우리는 아직 감사에 서툽니다.

무엇을 감사해야 하는지도, 어떻게 감사해야 하는지도 잘 모릅니다.

하지만 오늘부터 시작하는 21일의 감사 여정을 통해

참된 은혜가 무엇인지 하나씩 깨닫게 하소서.

감사를 드리며

하나님이 주신 선물의 포장을 열어,

구원의 참된 선물을 누리게 하소서.

우리의 참된 선물 되신 예수 그리스도의 이름으로 기도합니다.

아멘.

† 금식 가이드

- 기도하고 말씀을 읽는 시간을 놓치지 않도록 시간과 장소를 정하십시오.
- 물을 충분히 마시십시오.
- 배고픔, 당분과 카페인에 대한 강한 욕구, 두통이 찾아올 수 있습니다.
- 찬양과 경배 음악을 자주 틀어 놓으십시오.

제 2 일
더 좋은 감사

시편 23:1

"주님은 나의 목자시니, 내게 부족함이 없도다."

사망의 음침한 골짜기를 걷고 있다 할 지라도, 믿음은 어둠이 아니라 주님이 보내주신 지팡이와 막대기가 봅니다.
주님이 나의 목자이심을 믿을 때,
이 골짜기가 끝이 아니라, 푸른 초장과 쉴 만한 물가로 인도하시는 지름길임을 알게 됩니다.

멀린 캐로더스((Merlin Carothers) 목사님은 감옥에서 그 믿음의 눈을 떴습니다.
그는 젊은 시절 군 복무 시절, 탈영과 강도 사건에 연루되어 감옥에 수감되었는데, 어느날 아침, 하나님이 그를 잠에서 깨우시며 이렇게 속삭이시더랍니다.

"발가락을 움직여 보아라." 그래서 그는 누운 자리에서 발가락을 움직여 보앉습니다. 발가락이 움직였습니다. 그런데, 이번에는 손가락을 움직여 보라는 것 같아서 손가락을 움직여 보았습니다. 그러자, 이번에는 "똑바로 서 보거라." 하셔서 일어나 똑바로 서 보았습니다. 또 "화장실로 걸어가 보아라." 라고 하셔서 말씀대로 걸었습니다.

마음 속에서 다시 한번 음성이 들렸습니다 ."거울 앞에 서서 자신의 얼굴을 보아라." 거울 앞에 비친 자신의 모습을 보았습니다. 그런데, 그 순간,

'아, 나는 여전히 감사할 것이 많은 사람이구나. 여전히 이렇게 움직일 수 있다니' 하는 깨달음이 왔습니다. 그 후로 그는 감옥 속에서도 감사의 삶을 살며 하나님을 찬양했습니다.

감사에는 두 가지 차원이 있습니다. 좋은 일이 생겨서 드리는 **소유적 감사**와 이미 나에게 있는 것들에 대한 **존재적 감사**입니다.

좋은 일이 생기면 쉽게 "감사합니다."라고 말할 수 있다니다.

하지만, 특별히 좋은 일이 없어도 이미 있는 것들에 대해 감사하려면 어떻게 해야 할까요?

사업에 실패한 한 남자가 절망하여 필 (Norman Vincent Peale) 박사님을 찾아 왔습니다.

"이제 다 끝났어요. 사업에 실패하여 모든 것을 잃었습니다." 그러자, 필 박사님이 조용히 한 가지를 제안했습니다.

"모든 것을요? 그럼 종이에 남아 있는 것들을 적어 봅시다. 부인은 계십니까?"

"예, 좋은 아내가 있습니다."

"자녀들은 있습니까?"

"예, 귀여운 세 아이가 있습니다."

"친구는요?"

"있습니다."

"건강은요?"

"좋은 편입니다."

남아 있는 것들을 하나씩 적어 보며 결국 그는 이렇게 고백했습니다.

"그러고 보니 내 사정이 그렇게 나쁘지 않네요. 저에겐 소중한 것들이 많이 남아 있네요."

믿음의 눈으로 보면, 모든 것이 다 사라져도, 주님은 언제나 나와 함께 계신다는 사실이 보입니다.

이미 우리와 함께 하시는 주님만으로 감사할 때, 그 감사는 어떤 감사 보다 더 좋은 감사입니다.

그러면, 비로소 보이게 됩니다. 내가 지금 걷고 있는 이 길이 비록 깊은 골짜기처럼 험난하게 느껴져도, 주님께서 보내 주신 지팡이와 막대기가 나를 안전하게 이끌고 계심을…… 이 골짜기가 끝이 아니라, 푸른 초장으로 인도하는 지름길임을……

오늘도 감사합시다.

◇ 감사 기도

고린도후서 2:14

"그러나 그리스도의 개선 행렬에 언제나 우리를 참가 시키시고, 그리스도를 아는 지식의 향기를 어디에서나 우리를 통하여 풍기게 하시는 하나님께 감사를 드립니다."

어려움과 고난 중에도 감사할 때, 사람들은 우리에게서 예수님의 향기를 맡습니다.
하나님은 위기를 기회로 바꾸어 주십니다.
오늘도 감사합시다.

오늘의 감사 제목 5가지 적기

_____

_____

_____

_____

_____

◇ 내일의 소망 (기도제목)을 적어 보고 기도하세요.

_____
_____
_____
_____
_____
_____

베드로전서 5:7

"여러분의 걱정을 모두 하나님께 맡기십시오.
하나님께서는 여러분을 돌보고 계십니다."

♡ 오늘의 중보 기도

목사님을 위해 기도하기 (목자, 목녀님)

사단의 첫 번째 공격 대상은 목사님들과 그 가족입니다.

엘리야도 능력 있는 사역 뒤에 이세벨의 위협에 금방 무너졌습니다 **(열왕기상 18~19)**.

금식과 기도는 그들을 보호하고 새로운 기름 부으심을 위해 중요합니다.

에베소서 3:16-19

"아버지께서 그분의 영광의 풍성하심을 따라 그분의 성령을 통하여 여러분의 속 사람을 능력으로 강건하게 하시고, 믿음으로 말미암아 그리스도를 여러분의 마음 속에 머물게 하시기를 바랍니다. 여러분이 사랑 속에 뿌리를 박고 터를 잡아, 모든 성도와 함께 그리스도의 사랑의 너비와 길이와 높이와 깊이를 깨닫게 되기를 바랍니다. 그리하여 하나님의 온갖 충만하심으로 충만하게 되기를 바랍니다."

♡ 뷔아피(비신자)를 위한 기도

히브리서 7:25

"그는 자기를 통하여 하나님께 나아오는 사람들을 완전하게 구원하실 수 있으며, 늘 살아 계셔서 그들을 위하여 중재의 간구를 하십니다."

예수님은 지금도 영혼 구원을 위해 기도하십니다.

기도 없이는 영혼 구원이 일어나지 않습니다.

예수님과 함께 뷔아피의 이름을 불러 가며 기도합시다.

✝ 마무리 기도

늘 우리와 함께 해 주시는 하나님,

감사할 수 없는 상황에서도 감사할 수 있는 힘을 주셔서,

이 골짜기를 계속 걸어나갈 힘을 주시니 감사합니다.

골짜기에서 주저 앉지 않도록 늘 함께 걸어 주시는

우리 주 예수 그리스도의 이름으로 기도합니다.

아멘.

✝ 금식 가이드

- 기도하고 말씀을 읽는 것을 놓치지 마십시오.
- 많은 양의 물을 마시십시오.
- 찬양과 경배 음악을 자주 듣고 틀어 놓으십시오.
- 몸의 에너지를 축적하기 위해 쉬는 시간을 정해 놓으십시오.
- 둘째 날과 셋째 날이 제일 힘이 듭니다.
- 지방 연소(ketosis)가 시작됩니다.

제 3 일
감사는 저절로 되지 않습니다

다니엘 6:10

"다니엘은, 왕이 금령 문서에 도장을 찍은 것을 알고도, 자기 집으로 돌아가 다락방으로 올라갔다. 그 다락방은 예루살렘 쪽으로 창문이 나 있었다. 그는 늘 하듯이, 하루에 세 번씩 그의 하나님께 무릎을 꿇고 기도하며, 감사를 드렸다."

페르시아 전역에 왕의 금령이 선포되었습니다.

"앞으로 30일 동안, 왕 외에 다른 신이나 사람에게 기도하면 사자 굴에 던져진다."

다니엘은 이 사실을 알고 있었지만, 늘 하던 대로 자신의 기도 처소인 다락방으로 올라가 예루살렘을 향해 하나님께 무릎을 꿇고 감사를 드렸습니다.

죽음의 위기 앞에서도 그의 기도는 "살려 주소서"가 아니라, "감사합니다" 였습니다.

어떻게 그럴 수 있었을까요?

다니엘에게는 직접 물어볼 수 없지만, 조니 에릭슨 타다(Joni Eareckson Tada)에게는 물어볼 수 있습니다.

그녀는 승마와 수영을 즐기던 활발한 10대 소녀였습니다. 그러나 불의의 사고로 어깨 아래 전신 마비가 되고 말았습니다. 처음에는 그녀도 하나님을 원망하며, 자살을 기도했습니다.

그런데 어느 날, 전도자가 병실을 찾아와 예수님의 사랑을 전했습니다. 처음엔 완강히 거절했지만, 십자가에서 자신처럼 온몸이 마비되어 계신 예수님의 환상을 보고, 그녀는 통곡하며 예수님의 사랑을 받아들였습니다.

그 후 전도자가 권면했습니다.

"고통 속에서도 감사드리면, 하나님께서 귀히 쓰십니다."

그녀는 이를 악물고 감사 기도를 드리기 시작했습니다. 그러자 놀라운 일들이 일어나기 시작했습니다. 하나님은 그녀에게 입으로 그림을 그리고 글을 쓰게 해 주셨습니다. 결국 그녀는 장애가 저주가 아니라, 하나님이 주신 특별한 축복이라는 소망을 많은 장애인들에게 전할 수 있었습니다.

그 모습을 지켜보던 친구가 어느 날 그녀에게 물었습니다.

"어떻게 그런 고통 속에서도 감사를 잃지 않니?"

그녀는 대답했습니다.

"그것은 연단의 결과야. 모든 일에 감사할 수 있도록 나 자신을 훈련했기 때문이지. 감사가 내 삶의 습관이 될 때까지 말이야."

감사는 천성이 밝고 긍정적이라서 저절로 되는 것이 아닙니다.

특히 고난 앞에서 감사는 어렵습니다. 그것은 늘 감사의 삶을 순종하고 훈련한 사람만이 할 수 있습니다. 감사가 습관이 되면 고난의 순간에도 감사가 반사적으로 튀어나옵니다.

다니엘은 바벨론 포로로 사는 수십 년 동안 하루 세 번 기도 처소에 올라가 기도하기를 쉬지 않았습니다. 그래서 곧 사자 굴에 던져질 것을 알면서도 무릎 꿇고 감사 기도를 드릴 수 있었던 것입니다.

그리고 감사할 수 없는 상황 속에서 감사할 때, 기적이 일어납니다. 하나님은 사자의 입을 막으셨고, 오히려 다니엘을 더욱 높여 주셔서 마지막까지 귀히 쓰임 받는 사람이 되게 하셨습니다.

습관이 형성되기까지는 적어도 스물하루의 시간이 필요하다고 합니다.

다니엘 금식 기간 동안 감사하는 삶을 훈련해 봅시다.

감사가 우리 삶의 반사 작용이 될 때, 고난을 통해 주시는 하나님의 축복을 발견하게 될 것이며, 우리를 향해 으르렁거리는 사자의 입을 막아 주실 것입니다.

◇ 감사 기도

고린도전서 1:4

"나는 여러분이 그리스도 예수 안에서 받은 하나님의 은혜를 생각하고, 여러분의 일로 언제나 하나님께 감사를 드립니다."

감사는 저절로 되는 것이 아닙니다.

특히 고난 속에서는 감사가 어렵습니다.

- 다니엘은 바벨론 포로 생활 속에서 수십 년 동안 하루 세 번 기도하며 감사의 삶을 훈련했습니다.
- 감사는 습관이 되어야, 고난 속에서도 자연스럽게 나옵니다.
- 감사할 수 없는 상황에서도 감사할 때, 하나님은 사자의 입을 막으시고 기적을 이루십니다.

다섯 가지 감사 제목을 적어 보세요.

_____

_____

_____

_____

_____

_____

_____

◇ 내일의 소망 (기도제목)을 적어 보고 기도하세요.

로마서 8:32

"자기 아들을 아끼지 않으시고, 우리 모두를 위하여 내주신 분이, 어찌 그 아들과 함께 모든 것을 우리에게 선물로 거저 주지 않으시겠습니까?"

♡ 오늘의 중보 기도

나라와 선교지

- 이번 기간 중 특별히 기도해야 할 나라와 선교지를 적어 기도합니다.
- 목장의 선교사님을 위한 구체적인 기도 제목을 적고 기도합시다.

데살로니가후서 3:1-3

"마지막으로 형제자매 여러분, 주님의 말씀이 각처에 퍼지도록 우리를 위해 기도해 주십시오. 또 우리가 심술궂고 악한 사람에게서 벗어나도록 기도해 주십시오. 주님께서는 신실하시므로, 여러분을 굳세게 하시고 악한 자에게서 지켜 주십니다."

♡ 뷔아피(비신자)를 위한 기도

디모데전서 2:4

"하나님께서는 모든 사람이 다 구원을 얻고 진리를 알게 되기를 원하십니다."

하나님의 소원을 따라 뷔아피를 위해 기도합시다.

† 마무리 기도

전능하신 하나님 아버지,

이 세상 왕들과 신들 앞에 무릎 꿇지 않도록,

우리가 늘 하나님께 감사할 수 있는 힘을 주시옵소서.

원수 마귀 사단의 으르렁거리는 입을 막아 주신

예수 그리스도의 이름으로 기도합니다. 아멘

† 금식 가이드

- 셋째 날이 고비입니다.
- 많은 양의 물을 마시십시오.
- 찬양과 경배 음악을 자주 듣고 틀어 놓으십시오.
- 몸의 에너지를 축적하기 위해 쉬는 시간을 정해 놓으십시오.
- 찬양과 기도의 시간은 새로운 에너지를 줍니다.
- 체중이 줄어드는 것을 느낄 수 있습니다.

제 4 일
감사함으로 받으면 버릴 것이 없습니다

디모데전서 4:4-5

하나님께서 지으신 것은 모두 다 좋은 것이요, 감사하는 마음으로 받으면 버릴 것이 하나도 없습니다. **모든 것은 하나님의 말씀과 기도로 거룩해집니다.**

하나님이 지으신 모든 것은 다 좋은 것일지라도, 감사하는 마음으로 받지 않으면 버리게 됩니다.
특별히 인간관계가 그렇습니다. 서로를 감사로 받아들이지 않으면 아무리 좋았던 관계라 해도 결국은 끊어져 버립니다. 죄 때문입니다.
내 몸처럼 서로를 아끼고 사랑했던 아담과 하와도 죄가 들어오자 서로를 탓했고, 가인은 심지어 시기심 때문에 동생 아벨을 죽였습니다. 죄가 들어오면, 사랑이 식어 미움이 되고, 그처럼 감사했던 것들이 불평거리가 됩니다.
하나님이 주신 그 좋은 것들이 죄로 망가졌습니다. 다시 좋은 것으로 되돌려 받는 방법이 없을까요? 있습니다.
오늘 말씀처럼, 감사하는 마음으로 받으면 됩니다.
안남웅 목사님의 경험담입니다.

안 목사님은 미국 노스캐롤라이나의 어느 한인 교회를 목회하고 계셨는데, 그 교회에는 소위 '왕언니'라 불리는 권사님이 계셨습니다. 그 권사님은 이미 담임목사 세 분을 교회에서 쫓아낸 전력이 있었습니다. 새로 부임한 목사님 입장에서는 잘 지내야 목회가 순탄할 텐데, 사소한 일로 관계가 틀어져 버렸습니다.

왕언니 권사님은 안 목사님을 심하게 괴롭혔습니다. 악수하자고 손을 내밀어도 뿌리치고, 아무리 화해를 요청해도 무시했습니다. 안 목사님은 괴로움에 잠을 이루지 못했고, 결국 사임을 결심하며 3일 금식기도에 들어가셨습니다. 그런데 기도 중에 마음속으로 주님의 음성이 들렸습니다.

"너는 왜 일방적으로 미워만 하고 감사할 줄 모르느냐?"
안 목사님은 자신을 무시하는 권사님에게만 문제가 있다고 생각했는데, 사실은 자기 마음에도 동일한 죄가 있음을 깨닫게 되었습니다. 그래서 순종하는 마음으로 그 권사님께 100가지 감사를 찾아 감사 편지를 쓰기로 결심했습니다.

세 시간을 끙끙거리며 겨우 50가지를 쓸 수 있었습니다. 억지로 쓴 것이기에 감동은 없었습니다. 그러나 자존심을 내려놓고 억지로라도 100가지를 채우려 하다 보니 밤을 꼬박 새우게 되었습니다. 놀라운 것은, 다 쓰고 나니 "권사님도 이렇게 좋은 부분들이 있었는데 왜 그렇게 미워만 했을까?"라는 생각이 든 것이었습니다.

마음의 변화가 일어난 안 목사님은 용기를 내어 그 감사 편지를 권사님의 집 우체통에 몰래 넣어두었습니다. 그리고 3일 후, 권사님은 교회에 돌아오셨습니다. 두 팔을 들고 목사님께 달려와 이렇게 고백했습니다.

"목사님이 사람이십니까? 나는 목사님을 쫓아내려고 그렇게 못되게 굴었는데, 100가지 감사라니요. 그날 아침 편지를 읽고 출근하다가 눈물이 쏟아져 하마터면 사고가 날 뻔했어요."

그렇게 극적인 화해가 이루어졌고, 안 목사님은 그때부터 100가지 감사 운동을 펼쳐오고 계십니다.

감사로 받으면 아무것도 버릴 것이 없습니다. 그러나 감사로 받기 위해 안 목사님은 삼일 금식하며 애써 순종해야 했습니다. 모든 것은 말씀과 기도로 거룩해지고, 그때 비로소 하나님이 주신 것이 좋은 것임을 알게 됩니다. 불평은 감사로 바뀌고, 하나님이 주신 좋은 것들이 눈에 들어오기 시작합니다.

◇ 감사 기도

우리에게 주신 가족, 목장 식구, 이웃들에 대한 감사 기도를 드립시다.
거룩한 영향력이 흘러갈 것입니다.

오늘의 감사 제목 5가지 적기

_____

_____

_____

_____

_____

◇ 내일의 소망 (기도제목)을 적어 보고 기도하세요.

베드로전서 5:7

"여러분의 걱정을 모두 하나님께 맡기십시오. 하나님께서는 여러분을 돌보고 계십니다."

♡ 오늘의 중보 기도(가족을 위한 기도)

디모데전서 5:8

누구든지 자기 친척, 특히 가족을 돌보지 않으면 그는 벌써 믿음을 저버린 사람이며, 믿지 않는 사람보다 더 나쁜 사람입니다.

- 가족의 기도제목을 적고, 구체적으로 축복하며 기도하십시오.
- 가족은 주님의 용서와 사랑을 실천하라고 주신 하나님의 선물입니다.
- 싱글일 경우 미래의 배우자를 위해 기도합시다.

♡ VIP를 위한 기도

사도행전 2:46-47

그리고 날마다 한 마음으로 성전에 열심히 모이고, 집집이 돌아가면서 빵을 떼며, 순전한 마음으로 기쁘게 음식을 먹고, 하나님을 찬양하였다. 그래서 그들은 모든 사람에게서 호감을 샀다. 주님께서는 구원받는 사람을 날마다 더하여 주셨다.

VIP들이 우리가 섬기는 사랑의 공동체인 목장과 교회에 호감을 갖게 하시고, 주님의 손에 이끌려 구원에 이르게 하소서.

✝ 마무리 기도

마태복음 7:11

"너희가 악한 자라도 좋은 것으로 자식에게 줄 줄 알거든, 하물며 하늘에 계신 너희 아버지께서 구하는 자에게 좋은 것으로 주시지 않겠느냐."

주님, 우리에게 가장 좋은 것을 주시는 좋으신 아버지!
하나님이 주신 것들을 감사함으로 받아 하루하루 복을 누리게 하소서.
우리에게 주신 가장 귀한 분, 예수 그리스도의 이름으로 기도합니다.
아멘.

✝ 금식 가이드

- 기도할 때 잠잠히 들으십시오.
- 마음 속에 들려오는 하나님의 세미한 음성을 기록해 보십시오.
- 점차 금식 안정기에 들어갑니다.
- 기도와 말씀의 시간과 장소를 힘써 지키십시오.
- 찬양곡을 항상 틀어 놓으십시오.
- 무리한 스케줄은 피하십시오.

제 5 일
내 힘으로는 할 수 없는 감사

데살로니가전서 5:16-18

항상 기뻐하십시오.
끊임없이 기도하십시오.
모든 일에 감사하십시오.
이것이 그리스도 예수 안에서 여러분에게 바라시는 하나님의 뜻입니다.

사도 바울은 많은 핍박과 환난을 겪고 있던 데살로니가 성도들에게 "항상 기뻐하라, 쉬지 말고 기도하라, 범사에 감사하라"는 세 가지 지침을 주었습니다. 그러나 핍박과 환난을 당하면, 도와달라는 기도는 할 수 있어도 기뻐하고 감사하는 것까지는 무리가 아니었을까요?
그런데 놀랍게도 데살로니가 성도들은 기도했을 뿐 아니라, 기뻐하며 하나님께 감사를 드렸습니다. 어떻게 그것이 가능했을까요?
그 비결이 **데살로니가전서 1장 6절**에서 나옵니다.
"여러분은 많은 환난을 당하면서도 성령께서 주시는 기쁨으로 말씀을 받아들여서, 우리와 주님을 본받는 사람이 되었습니다."
그렇습니다. 데살로니가 성도들은 "성령께서 주시는 기쁨으로" 하나님의 말씀을 받아들였습니다.

그러자, 항상 기뻐하고, 끊임없이 기도하고, 모든 일에 감사할 수 있었습니다. 하나님의 말씀을 받아 들이면, 순종할 수 있는 능력은 성령께서 주십니다. 하나님의 말씀을 내 생각과 나의 논리로 받아 들이려면, 의심과 비평, 불만이 생기지만, 성령께서 주시는 기쁨으로 받아드리면, 위에서부터 부어지는 기쁨으로 감사할 수 있습니다.

현대판 욥이라 불리는 호레이쇼 스패포드(Horatio Spafford)도 그 기쁨으로 감사드린 사람입니다.

그는 시카고의 성공한 변호사이자 사업가였고, 세계적인 전도자 무디(D. L. Moody)의 절친한 친구로 무디 교회의 회계 집사로도 섬겼습니다.

그러나 1871년, 시카고 대 화재로 전 재산을 잃었고, 하나밖에 없던 아들마저 열병으로 잃고 말았습니다.

깊은 우울감에 빠진 아내와 네 딸을 위로하기 위해 유럽 여행을 계획했는데, 자신은 사업상 바쁜 일이 생겨서 가족을 먼저 배에 태웠습니다. 그런데 그 여객선이 1873년 11월 21일 새벽 두 시경, 대서양 한복판에서 영국의 철갑 화물선과 충돌하여 침몰하는 큰 사고가 발생했습니다. 승객 226명 중 87명만 살아남았고, 그중 아내만 구조되었습니다. 사랑하는 네 딸은 모두 그 사고로 목숨을 잃었습니다.

이 소식을 듣고 스패포드는 홀로 남은 아내를 데려오기 위해 유럽행 배에 올랐습니다. 그 배가 네 딸이 죽은 바다 위를 지날 때, 그는 더 이상 견딜 수 없어 선실로 돌아가 밤새 하나님께 울부짖었습니다.

과연 이런 상황 속에서도 감사할 수 있을까요?

밤새 통곡하며 하나님께 그는 하나님께 부르짖었습니다. 그런데, 새벽 세 시 쯤 갑자기 하나님의 강력한 임재가 그에게 임했습니다. 지금껏 한 번도 경험하지 못한, 모든 상황을 뛰어넘는 평강이 그에게 임한 것입니다. 그러자, 고통으로 풍랑이 치던 그의 내면이 잠잠해졌습니다. 그 깊은 평강 속에서 그는 자녀들이 주님의 품에 있음을 깨닫게 되었습니다. 그러자, 갑자기 감사의 기도가 쏟아졌습니다.

그리고 그는 그 은혜의 체험을 시로 적었습니다.

'내 평생에 가는 길 순탄하여 늘 잔잔한 강 같든지
큰 풍파로 무섭고 어렵든지, 나의 영혼은 늘 편하다
저 마귀는 우리를 삼키려고 입 벌리고 달려와도
주 예수는 우리의 대장 되니 끝내 싸워서 이기겠네
내 영혼 평안해, 내 영혼 평안해, 내 영혼, 내 영혼 평안해'

이 시에 감동을 받은 필립 폴 블리스(Philip P. Bliss)가 곡을 붙였고, 오늘날까지 전 세계에서 사랑받는 찬송가로 불려지고 있습니다.

살다 보면, 감당할 수 없는 큰 슬픔의 바다를 건너야 할 때가 있습니다. 사랑하는 이를 먼저 보낼 때가 그렇습니다. 그런데, 신기하게 사람 앞에서 슬퍼하면, 깊은 늪에 빠져 허우적거리게 되는데, 하나님 앞에서 슬퍼하면, 위로가 임합니다. 말할 수 없는 평강이 위에서부터 부어집니다. 이 땅의 슬픔이

하늘의 위로를 만나면 하나님 품에서 영원히 살 그 날을 기다리며 오늘 살아갈 힘을 얻게 됩니다. 감사가 나옵니다.

다니엘 금식 5일째, 감사가 점점 더 쉬워 집니다.

◇ 감사 기도

우리에게 감사할 수 있는 능력을 주신 주님께 감사드립니다.

골로새서 3:17

말이든 행동이든 무엇을 하든지, 모든 것을 주 예수의 이름으로 하고, 그분에게서 힘을 얻어 하나님 아버지께 감사를 드리십시오.

오늘의 감사 제목 5가지 적기

_____

_____

_____

_____

_____

_____

_____

_____

_____

◇ 내일의 소망 (기도제목)을 적어 보고 기도하세요.

우리에게 감사할 수 있는 능력을 주신 주님께 감사드립니다.

요한복음 16:24

지금까지는 너희가 내 이름으로 아무 것도 구하지 아니하였으나, 구하라. 그리하면 받으리니 너희 기쁨이 충만하리라.

♡ 오늘의 기도 포커스: 중독으로부터의 해방

베드로후서 2:19

여러분의 마음 속에서 날이 새고 샛별이 떠오를 때까지, 어둠 속에서 비치는 등불을 대하듯이 이 예언의 말씀에 주의를 기울이십시오.

게임, 도박, 마약, 드라마, 인터넷, 술, 담배에서부터 일, 관계, 연애 중독까지, 우리는 알게 모르게 중독에 노출되어 있습니다. 하나님이 아닌 다른 것으로 위로를 받으려다 보면, 우리는 중독에 빠지게 됩니다.

그러나 금식하며 기도할 때, 하나님께서 우리를 **중독으로부터 자유롭게 하십니다.**

우리와 가족, 목장 식구, 이웃을 결박하고 있는 중독 문제들을 하나님께서 풀어주시도록 간구합시다.

♡ 뷔아피(비신자)를 위한 기도

아무리 풍족한 삶을 살아도, 사람에게는 오직 하나님만이 채우실 수 있는 목마름과 갈증이 있습니다.

토마스 아퀴나스는 이를 「타고난 하나님을 향한 욕구, 목마름"(라틴어: desiderium naturale)」이라고 불렀습니다.

주님, 뷔아피들이 이 타고난 목마름을 깨닫게 하소서.

세상의 신비 종교, 도, 명상, 운동, 쾌락 등으로 채우려는 것은, 바닷물을 마실수록 더 목마른 것 같습니다. 오직 주님이 주시는 생수의 맛을 보게 하시고, 오직 주님만이 우리를 만족시킬 수 있음을 경험하게 하소서.

† 마무리 기도

여호와 샬롬, 평강을 주시는 하나님

폭풍 한가운데에서도 마음의 평강을 주심에 감사드립니다.

우리 삶의 모든 폭풍을 잠잠케 해 주시는 예수 그리스도의 이름으로 기도합니다.

아멘.

† 금식 가이드

- 말씀, 찬양, 기도는 새로운 에너지를 줍니다.
- 힘이 없다고 주저앉지 말고, 햇볕을 쬐며 가벼운 산책을 하십시오.
- 충분한 물을 마시십시오.
- 입 냄새가 날 수 있으므로, 양치질하거나 껌을 씹는 것이 도움이 됩니다.

제 6 일
감사는 다릅니다

로마서 1:21

사람들은 하나님을 알면서도, 하나님을 하나님으로 영화롭게 해드리거나 감사를 드리기는커녕, 오히려 생각이 허망해져서, 그들의 지각 없는 마음이 어두워졌습니다.

요즘 세상에서도 감사 운동을 하며, 긍정적 사고로 살면 좋은 일들이 생긴다고 말합니다.

그러나 성경적인 감사는 단순히 긍정적인 사고가 아닙니다.
긍정적 사고는 "Yes, I CAN"을 말하지만, 성경적인 감사는 믿음으로 "Yes, JESUS CAN"을 고백하기 때문입니다.
긍정적 사고가 어려운 일을 극복할 수 있는 자신감을 줄 수는 있습니다. 하지만, 없는 능력을 생기게 하지는 못합니다. 사람의 능력에는 한계가 있기 때문입니다.
그러나 하나님의 능력에는 한계가 없습니다. 하나님은 긍정적 사고가 아니라, 믿음으로 드리는 감사 속에서 당신의 무한한 능력으로 역사하십니다.
『절대 감사』라는 책을 쓰신 황성주 박사님은 자신은 원래 감사가 참 힘든 사람이었다고 고백합니다.

의사라는 직업 때문인지 늘 병만 보였고, 사람이나 공동체를 보아도 연약한 점, 고쳐야 할 점들만 눈에 들어왔기 때문이었습니다.

대학교수, 학자로 활동하며 논리적 사고에 익숙하다 보니, 모든 일의 인과 관계를 밝혀야만 속이 시원했고,

자신의 기준과 자기 의로 많은 사역자들과 교회를 비판했다고 합니다.

그러나 하나님을 깊이 만난 후, 모든 일을 이루시는 분이 하나님이심을 알게 되었습니다.

그때부터 하나님 나라의 관점(Kingdom Perspective)으로 인생을 바라 보게 되었는데, 그러자, 하나님의 나라는 **절대 은혜, 절대 감사**로 움직여 진다는 사실을 알게 되었습니다.

그 후 황성주 박사님은 "절대 감사" 운동을 일으키며, 교회와 병원, 학교, 여러 선교 단체를 세우는 놀라운 사역을 감당하게 되었습니다.

감사는 단순한 긍정적 사고가 아닙니다.

더욱이 비판적인 사고와는 전혀 다릅니다.

감사는 문제를 비판하는 것이 아니라, **문제의 대안을 바라보는 창조적인 사고**입니다.

창조적인 사고는 창조자이신 하나님께로부터 나옵니다. 그리고 하나님은 감사로 사는 자에게 창조의 눈으로 문제를 바라보게 하십니다.

감사는 긍정적인 사고가 아니라, 창조적인 사고 입니다.

감사할 때 우리는 문제를 문제가 아니라, **축복의 기회**로 보게 됩니다.

절대 은혜, 절대 감사를 부르짖는 황성주 박사님은 이렇게 말합니다.

"비판과 정죄는 인간의 영역이 아닙니다. 그것은 하나님의 영역입니다. 건설적이고 지혜로운 권면이나 교육적 차원의 훈계가 아닌 대안 없는 비판은 공동체를 무너뜨릴 수 있습니다.

비판 의식은 무엇보다도 감사의 무드를 깨뜨립니다.

비판 의식을 감사의식으로 전환시키십시오."

감사합시다. 그때 우리도 작은 창조자가 될 것입니다.

◇ 감사 기도

감사 기도를 드립시다.

감사는 우리를 어둠에서 건져 빛으로 인도하시며, 그동안 보지 못했던 것을 보게 하고, 듣지 못했던 것을 듣게 합니다.

골로새서 1:12

그리하여 성도들이 받을 상속의 몫을 차지할 자격을 여러분에게 주신 아버지께, 여러분이 빛 속에서 감사를 드리게 되기를 우리는 바랍니다.

오늘의 감사 제목 5가지 적기

_____

_____

_____

_____

_____

◇ 내일의 소망 (기도제목)을 적어 보고 기도하세요.

이제 우리의 소망을 감사함으로 하나님께 아룁시다.
하나님께서 신령한 지혜와 총명을 주셔서, 하나님의 뜻을 알고 순종하게 하실 것입니다.

_____

_____

_____

_____

_____

골로새서 1:9

그러므로 우리가 여러분의 소식을 들은 그 날부터, 우리도 여러분을 위하여 쉬지 않고 기도합니다.
우리는 하나님께서 여러분에게 모든 신령한 지혜와 총명으로 하나님의 뜻을 아는 지식을 채워 주시기를 빕니다.

♡ 오늘의 중보 기도 : 사역과 은사

베드로전서 4:10

각 사람은 은사를 받은 대로 하나님의 여러 가지 은혜를 맡은 선한 관리인으로서 서로 봉사하십시오.

주님의 몸 된 교회에는 여러 사역이 있습니다.
내가 섬기고 있는 사역이나, 하나님께서 마음에 떠오르게 하시는 부서를 위해 기도합시다.
교회 사역을 충성되게 섬기면, 세상의 일터에서도 성공할 확률이 높아집니다.
왜냐하면 교회 사역을 통해 우리의 은사, 재능, 성품, 관계가 훈련되고 개발되기 때문입니다.
교회를 섬기듯, 세상을 섬길 수 있는 힘을 달라고 기도합시다.

♡ 뷔아피(비신자)를 위한 기도

사도행전 2:36-37

그러므로 이스라엘 온 집안은 확실히 알아두십시오.
하나님께서는 여러분이 십자가에 못박은 이 예수를 주님과 그리스도가 되게 하셨습니다.
사람들이 이 말을 듣고 마음이 찔려서 "형제들이여, 우리가 어떻게 하면 좋겠습니까?" 하고 베드로와 다른 사도들에게 말하였다.
주님, 뷔아피들이 말씀을 들을 때 마음이 찔리게 하소서.
"우리가 어떻게 하면 좋겠습니까?" 하고 물으며, **구원의 길로 인도받게 하소서.**

† 마무리 기도

온 우주 만물의 창조자 되신 하나님,

오늘도 문제를 문제로 보지 않고, 하나님이 주신 기회로 볼 수 있도록 **감사의 영**을 부어 주시옵소서.

우리의 지혜 되신 예수 그리스도의 이름으로 기도합니다.

아멘.

† 금식 가이드

- 묵상의 시간과 하나님 음성 듣는 시간을 더 늘려 보십시오.
- 여러분의 감각(후각, 촉각, 청각)이 점점 더 예민해질 것입니다.
- 체중 감량과 해독 작용(Detoxification)이 계속될 것입니다.

제 7 일
감사 보약

잠언 17:22

즐거운 마음은 병을 낫게 하지만, 근심하는 마음은 뼈를 마르게 한다.

감사는 우리 마음에 큰 기쁨과 평강을 가져다줍니다. 『뇌관계기술』이라는 책을 쓰신 크리스 코시 목사님은 불면증으로 잠을 이루지 못하던 아내를 돕기 위해 "333 감사 훈련"을 함께 했습니다.

333이란,
- 오늘 하루 중 감사한 일 세 가지
- 주변 사람들의 아름다운 성품에 대한 감사 세 가지
- 하나님께 드리는 감사 세 가지

이렇게 아홉 가지를 서로 돌아가며 나누는 훈련이었습니다. 감사를 나눈 후 부부는 따스하게 포옹했는데, 이렇게 약 10분 정도 감사 나눔을 하고 나면 신기하게도 아내의 거칠었던 숨결이 평온해지고 불안이 사라지며 단잠을 잘 수 있었습니다.

UC 데이비스 대학의 로버트 이몬스 박사님(Robert A. Emmons) 도 1990년 이후부터 감사가 심신의 건강과 대인관계에 미치는 영향을 연구했습니다. 감사와 관련된 논문 79편을 분석한 결과, 감사하는 삶은 스트레스 회복을 빠르게 하고, 비교심을 줄이며, 자존감을 높이고, 타인에 대한 신뢰를 깊게 하며, 면역 체계를 활성화해 신체 건강에도 긍정적인 효과가 있다는 사실을 밝혔습니다.

또한 『감사 심리학(The Psychology of Gratitude)』이라는 책에서는 감사가 심장의 박동에 미치는 영향을 다뤘는데, 분노할 때 가장 불안정한 상태를 보이던 심장 박동이 감사할 때에는 휴식할 때보다 더 안정된 상태가 된다는 것입니다. 이는 고혈압, 부정맥, 호흡곤란 등 여러 상황에서도 "감사가 최고의 명약"임을 입증해 줍니다.

이몬스 박사님은 감사 훈련의 첫 단계로 "감사 일기"를 권합니다. 일기를 쓰다 보면 평소 무심코 지나쳤던 일들까지 의식하게 됩니다. 이것이 반복되면, 뇌의 시냅스가 서로 연결되면서, 습관으로 자리 잡게 됩니다. 이렇게 형성된 감사 습관만큼 몸과 마음에 좋은 보약은 없습니다.

결국 "범사에 감사하라"는 말씀은 단지 그리스도인만을 위한 말씀이 아니라 하나님이 지으신 모든 사람에게 주신 원리입니다. 말씀대로 감사하며 살면 누구든 하나님의 평강을 누릴 수 있습니다.

그러니 이 감사 보약을 매일 먹을 뿐 아니라, 가족과 목장 식구, 이웃과 비신자들에게도 나누며 삽시다. 그렇게 나눌 때 우리의 삶은 하나님 나라의 백성으로 변화되어 **영생의 복**을 누리게 될 것입니다.

◇ 감사 기도

감사 기도를 드립시다. 감사는 생명의 근원이 되는 우리의 마음을 불안과 근심에서 지켜 줍니다.

잠언 4:22-23

이 말은 그것을 얻는 사람에게 생명이 되며, 그의 온 몸에 건강을 준다. 그 무엇보다도 너는 네 마음을 지켜라. 그 마음이 바로 생명의 근원이기 때문이다.

오늘의 감사 제목 5가지 적기

_____

_____

_____

_____

_____

_____

_____

◇ 내일의 소망 (기도제목)을 적어 보고 기도하세요.

오늘은 하나님께서 우리에게 주신 사명을 잘 완수할 수 있도록, 영·혼·몸의 건강을 위해 기도합시다.

_____

_____

_____

_____

_____

_____

데살로니가전서 5:23

평화의 하나님께서 친히 여러분을 완전히 거룩하게 해 주시고, 우리 주 예수 그리스도께서 오실 때에 여러분의 영과 혼과 몸을 흠 없이 완전하게 지켜 주시기를 빕니다.

♡ 오늘의 중보 기도

기도 포커스 : 목장 식구

마태복음 18:20

"두세 사람이 내 이름으로 모여 있는 자리, 거기에 내가 그들 가운데 있다."

다니엘 금식을 함께하는 이웃과 목장 식구들을 위해 기도합시다.
기도의 시간과 장소를 하나님께서 보호하시어, 온전히 기도에 전념하는 금식의 기간이 되도록 기도합시다.
함께 기도할 때 주님의 능력이 임합니다.

♡ 뷔아피를 위한 기도

누가복음 19:10

"인자는 잃은 것을 찾아 구원하러 왔다."

자식을 잃고 찾지 않는 부모가 어디 있으며, 보물을 잃고 찾지 않는 자가 어디 있겠습니까?
주님, 잃어버린 영혼을 찾는 애타는 심정을 우리에게 부어 주셔서, 주님의 마음으로 뷔아피를 위해 간구하게 해 주소서. 이름을 불러가며 기도할 때 아버지의 마음이 우리 안에 흘러 넘치게 해 주소서.

† 마무리 기도

여호와 라파, 치유의 하나님

오늘도 하나님이 주신 모든 것에 감사하게 하셔서, 우리의 영과 혼과 육신이 우리 주 예수 그리스도 안에서 회복되고 새 힘을 얻게 해 주소서.

언제나 감사로 순종하신 예수 그리스도의 이름으로 기도합니다.

아멘.

† 금식 가이드

- 항상 물을 가지고 다니며 자주 마시십시오.
- 무리하지 말고 충분한 휴식을 취하십시오.
- 계속해서 말씀을 듣고, 읽고, 묵상하십시오.
- 기도의 시간과 장소를 꾸준히 지키고 있습니까?

제 8 일
은혜가 감사를 깨웁니다

시편 145:10

주님, 주님께서 지으신 모든 피조물이 주님께 감사 찬송을 드리며, 주님의 성도들이 주님을 찬송합니다.

'감사'의 반대말은 무엇일까요? 아마도 '당연하다'일 것입니다.
당연하다고 여기면, 미처 감사할 생각조차 하지 못하기 때문입니다.
우리는 우리를 숨쉬게 하는 공기를 당연하게 여기고, 마실 물이 있다는 것을 당연하게 여깁니다. 사실 그 당연한 것들이 없어질 때, 가장 어려움을 겪게 되는 데도 말입니다.
지금도 우리가 모르는 심장은 하루에 10 만 번 가량을 뛰고 있습니다. 우리 몸 속의 혈관을 흐르는 피는 하루에 2억 7000 만 킬로를 달리고 있습니다. 폐도 자기가 알아서 쉬지 않고 호흡해 주고 있습니다.
이 모든 것들에 대해 한번이라도 감사해 본적이 있었나요? 문제가 생기기 전까지는 그 고마움을 인식조차 못할 때가 많습니다.
병원에서 산소 호흡기를 사용하는 비용은 매일 30 만원 정도가 든다고 합니다. 그런데, 우리는 매일 공짜로 산소를 호흡하고 있습니다. 전기료를 내지 않으면 전기를 공급받지 못하지만, 하나님은 우리 모두에게 햇볕과 비를 값 없이 내려 주십니다.

그리고 보면, 인생에서 가장 소중한 것들은 모두 하나님께 공짜로 얻은 것입니다. 우리의 재능, 성격, 그리고 생명과 구원까지 하나님은 다 공짜로 주셨습니다.

은혜라는 말은 값없이 주신 선물이라는 뜻입니다. 은혜가 은혜인 줄 알아야, 오늘 시편의 말씀처럼 하나님이 창조하신 모든 피조물들이 부르는 감사 찬송이 들리기 시작합니다.

이런 주님의 은혜를 깨닫고, 「천 개의 감사」라는 책을 쓴 작가가 있습니다. 바로 앤 보스캠프(Ann Voskamp)입니다. 사실 그녀는 감사와는 거리가 먼 삶을 살았습니다.

어린 시절 사랑하는 동생을 교통 사고로 잃은 후, 깊은 우울증에 시달렸기 때문입니다. 때때로 자살 충동에 시달렸던 그녀는 자신을 늘 실패자로 여기며 살았습니다. 그러던 그녀가, 천 개의 감사 제목을 적어 가면서 하나님의 은혜에 눈뜨기 시작했습니다. 아주 작은 것들까지 감사하기 시작하자, 그녀는 자기 자신의 존재도 하나님의 은혜임을 깨닫게 되었습니다.

앤 보스캠프는 이렇게 말합니다.

"이미 존재하는 자신의 삶을 감사로 받아 들이면, 늘 원하고 바라던 삶을 살 수 있습니다."

그 고백대로 그녀는 캐나다 온타리오 주 남서부 메노나이트 지역에서 남편과 농사를 지으며 일곱 아이를 키우고, 풍성한 삶을 살고 있습니다. 그리고, 여전히 자신의 개인 홈페이지에 날마다의 작은 감사들을 나누고 있습니다. 그녀가 드리는 감사는 이런 것들입니다.

"딸기잼이 듬뿍 발라진 토스트가 맛있어서 감사합니다."
"할머니께 물려받은 압력솥이 아직도 끄떡없어서 감사합니다."
"새근새근 엎드려 자는 개를 주셔서 감사합니다."

하나님의 은혜에 눈을 뜨면, 감사의 감각이 눈뜨기 시작합니다. 그래서, 아주 작은 것들도 감사하게 됩니다. 작은 것들에 대한 감사는 세상을 보는 새로운 눈과 귀를 열어 줍니다. 모든 피조물들이 부르는 감사 찬송을 듣게 합니다. 그러다 보면, 어느덧 그러면, 우리도 모르게 저절로 흥얼흥얼 감사 찬송을 따라 부르게 됩니다.

◇ 감사 기도

오늘은 **당연하게 여겼던 작은 것들**에 대해 감사의 기도를 드립시다. 작은 것들에 자꾸 감사하다 보면, 감사의 감각이 더욱 예민해지고, 모든 일에 예수님의 이름으로 하나님께 감사할 수 있습니다.

에베소서 5:19-20

시와 찬미와 신령한 노래로 서로 화답하며, 여러분의 가슴으로 주님께 노래하며 찬송하십시오.

모든 일에 언제나 우리 주 예수 그리스도의 이름으로 하나님 아버지께 감사를 드리십시오.

오늘의 감사 제목 5가지 적기

_____

_____

_____

_____

_____

◇ 내일의 소망 (기도제목)을 적어 보고 기도하세요.

이제 늘 은혜로 응답해 주시는 하나님께 우리의 간절한 소망을 올려 드립시다.

_____
_____
_____
_____
_____
_____

히브리서 4:16

그러므로 우리는 담대하게 은혜의 보좌로 나아갑시다. 그리하여 우리가 자비를 받고 은혜를 입어서, 제때에 주시는 도움을 받도록 합시다.

♡ 오늘의 중보 기도

기도 포커스 : 재정과 재물

잠언 3:6

네가 하는 모든 일에서 주님을 인정하여라. 그러면 주님께서 네가 가는 길을 곧게 하실 것이다.

- 하나님은 우리의 지혜가 아니라, 주님을 인정할 때 모든 길을 인도해 주십니다.
- 우리의 재정도 포함됩니다. 첫 열매 헌물을 드리고 재정의 필요를 구합시다.
- 돈 문제를 걱정하지 말고, 하나님께서 하라는 일에 집중합시다.
- 하나님은 우리의 공급자이십니다.
- 혹 물질을 주인 삼았던 일이 있다면 회개하고, 오직 하나님께만 의지합시다.

♡ 뷔아피(비신자)를 위한 기도

데살로니가전서 2:13

우리가 끊임없이 감사하는 것은, 여러분이 우리에게서 하나님의 말씀을 받을 때에, 사람의 말로 받아들이지 아니하고, 실제 그대로 하나님의 말씀으로 받아들였기 때문입니다. 이 하나님의 말씀은 또한 신도 여러분 가운데서 살아 움직이고 있습니다.

뷔아피들이 성경 말씀을 **믿고 받아들이도록** 간구합시다.

✝ 마무리 기도

은혜가 풍성하신 하나님 아버지,

하나님의 은혜가 얼마나 크고 놀라운지 깨닫게 해 주셔서, 오늘 하루 종일 감사의 찬송을 부르게 하소서.

은혜와 진리가 충만하신 우리 주 예수 그리스도의 이름으로 기도합니다.

아멘.

✝ 금식 가이드

- 항상 물을 가지고 다니며 자주 마시십시오.
- 힘이 없다고 움츠러들지 말고, 햇볕을 쬐며 가볍게 산책해 보십시오. 오히려 에너지가 생깁니다.

제 9 일
오병이어의 감사

요한복음 6:11

예수께서 빵을 들어서 감사를 드리신 다음에, 앉은 사람들에게 나누어 주시고, 물고기도 그와 같이 해서, 그들이 원하는 대로 주셨다.

예수님은 수 많은 무리의 배고픔을 보시고 안타까워하셨습니다. 그래서 빌립에게 물으셨습니다.
"우리가 어디에서 빵을 사서 이들을 먹이면 좋을까?"
계산에 밝은 빌립은 지금으로 치면 약 천만원 정도 되는 2백 데나리온이 필요하다고 말했습니다. 그러나 그런 돈도, 그런 빵을 구할 장소도 없었습니다. 그러자 옆에 있던 안드레가 말했습니다.
"여기에 보리빵 다섯 개와 물고기 두 마리가 있지만, 이렇게 많은 사람들에게 이게 무슨 소용이 있겠습니까?"
우리도 종종 인생의 큰 문제 앞에서 안드레처럼 말하곤 합니다.
"이게 무슨 소용이 있을까요? 나의 이 작은 재능, 물질, 시간…… 이런 작은 것들로 어떻게 이 큰 문제를 해결할 수 있지요?"
그러나 예수님은 달랐습니다. 예수님은 그 작은 빵을 높이 들어 하나님께 감사를 드리셨습니다. 그리고 앉은 사람들에게 나누어 주셨습니다.

그 결과는? 모두가 배불리 먹고도 열두 광주리가 남았습니다.

감사로 드린 보리빵 다섯 개와 물고기 두 마리, 곧 감사의 오병이어는 모두를 배부르게 합니다.

류태영 박사님도 이런 오병이어 감사의 삶을 사셨습니다. 그는 머슴의 아들로 태어나, 쓰레기통에서 버려진 밥을 주워 먹을 정도로 가난했지만, 초등학교 6학년 때부터 하루도 거르지 않고 쓴 일기에는 늘 하나님께 감사하는 고백이 가득했습니다.

그의 일기 중 한 부분을 소개합니다.

"한번은 신문을 넣고 돌아가려는 데, 쓰레기통에 밥 덩어리가 버려져 있는 것이 보였다. 나는 너무 배가 고파 참지 못하고, 둘레둘레 주위를 살펴보다가 얼른 그것을 집어 들었다. 묻은 연탄재와 모래를 떼어 내고 그 밥을 다 먹어 치웠다. 눈물이 하염없이 흘러내렸다. 그래도 나는 쓰레기통의 밥이나마 먹을 수 있게 해 주신 하나님께 감사드렸다."

그는 신문팔이, 구두닦이, 쓰레기 주워 팔기 등으로 힘겹게 공부했지만, 일기에는 늘 감사가 적혀 있었습니다.

"학교 다닐 수 있어서 감사하다. 잠자리가 있어서 감사하다. 먹을 수 있어서 감사하다."

때로 영양실조로 쓰러진 날에도 그는 이렇게 고백했습니다.

"하나님께서 나를 쓰시려고 그런다. 호미나 괭이를 만드시려고, 녹슬고 쓸모없는 쇳조각 같은 나를 훈련시키시니 얼마나 감사한가?"

하나님은 그의 감사를 받으셨습니다. 그래서 기적 같은 장학금을 주셔서 덴

마크와 이스라엘에서 공부할 수 있게 하셨고, 배고프지 않은 농촌을 만들고자 했던 그의 소망대로 새마을 운동과 농촌 운동을 성공적으로 이끌게 하셨습니다.

또한, 하나님의 은혜에 감사하여 가난한 농촌 학생들을 위한 장학 재단을 세웠습니다. 그의 헌신에 감동받은 600여 명의 후원자가 함께 동참하여, 더 이상 배고픔 속에 공부하는 학생이 없도록 도왔습니다.

나의 작은 감사가 오병이어의 기적을 일으킵니다. 감사합시다.

◇ 감사 기도

오늘은 오병이어 감사를 드려봅시다.

큰 문제 앞에서 "이게 무슨 소용이 있을까?" 하고 실망했던 것들도 감사로 올려 드립시다.

내 손으로는 겨우 돌멩이 하나를 들어 올리지만, 하나님의 손은 큰 산도 움직이십니다.

작은 것으로 무엇을 할 수 있을까 미리 염려하지 말고, 감사합시다.

감사는 내 작은 손에 있던 것들을 하나님의 크신 손으로 옮겨 줍니다.

오늘의 감사 제목 5가지 적기

_____

_____

_____

_____

_____

◇ 내일의 소망 (기도제목)을 적어 보고 기도하세요.

이제 우리의 소망을 간절히 기도합시다.
하나님 앞에서 우리의 문제를 하소연만 하지 말고, 산처럼 버티고 있는 문제들 앞에서 하나님의 위대하심을 감사함으로 선포하며 기도합시다.

_____

_____

_____

_____

_____

마태복음 21:21-22

예수께서 그들에게 말씀하셨다.
"내가 진정으로 너희에게 말한다. 너희가 믿고 의심하지 않으면, 이 무화과 나무에 한 일을 너희도 할 수 있을 뿐 아니라, 이 산더러 '들려서 바다에 빠져라' 하고 말해도 그렇게 될 것이다. 또 너희가 기도할 때, 이루어질 것을 믿으면서 구하는 것은 무엇이든 다 받을 것이다."

♡ 오늘의 중보 기도 — 하나님 나라의 회복

역대하 7:14

"내 이름으로 일컫는 나의 백성이 스스로 겸손해져서 기도하며 나를 찾고, 악한 길에서 떠나면, 내가 하늘에서 듣고 그 죄를 용서하고 그 땅을 다시 번영시키겠다."

느헤미야처럼 하나님을 경외하며 성경적 가치관을 가진 정치가와 지도자들이 많이 세워지게 하소서.
교회를 통해 다음 세대의 지도자들이 많이 나오게 하소서.

♡ 뷔아피를 위한 기도

요한복음 6:44

"나를 보내신 아버지께서 이끌어 주지 아니하시면 아무도 내게 올 수 없다. 나는 그 사람들을 마지막 날에 살릴 것이다."

아버지께서 이끌어 주시지 않으면 아무도 주께 나아올 수 없습니다.
그러므로 우리는 기도해야 합니다.
간절히 뷔아피의 이름을 올려 드립시다.
아버지께서 이끌어 주소서.

† 마무리 기도

전능하신 하나님,

오병이어 감사 기도를 드리는 것은 우리의 일이요, 오천 명을 먹이시는 것은 하나님의 일이심을 믿습니다.

작은 겨자씨 하나로 큰 숲을 만드시는 우리 주 예수 그리스도의 이름으로 기도합니다.

아멘.

† 금식 가이드

- 항상 물을 가지고 다니며 자주 마시십시오.
- 육신이 약해질 때, 우리의 마음과 영은 더욱 예민해집니다.
- 세상의 것들로 인해 고통 당하지 말고, 기도와 찬양, 말씀으로 평강을 유지하십시오.

제 10 일
제로 감사

욥기 1:20-21

"이 때에 욥은 일어나 슬퍼하며 겉옷을 찢고 머리털을 민 다음에, 머리를 땅에 대고 엎드려 경배하면서 이렇게 말하였다.
'모태에서 빈손으로 태어났으니, 죽을 때에도 빈손으로 돌아갈 것입니다. 주신 분도 주님이시요, 가져가신 분도 주님이시니, 주님의 이름을 찬양할 뿐입니다.'"

감사는 좋은 것입니다. 하지만 내 삶에 이해할 수 없는 고난과 역경이 닥쳤을 때, 그때도 과연 감사해야 하는 것일까요?
성경의 욥은 **그렇다고** 말합니다.
욥은 하루아침에 온 재산과 열 자녀, 그리고 건강까지 잃었습니다. 그의 아내는 분노하여 하나님을 욕하고 차라리 죽으라고 저주했습니다. 그러나 욥은 원망 대신, 오히려 하나님의 이름을 찬양했습니다.
어떻게 그렇게 할 수 있었을까요?
욥은 하나님과 인생에 대한 바른 지식을 가지고 있었기 때문입니다.
"빈손으로 태어났으니, 빈손으로 돌아가는 인생. 인생을 주신 분이 하나님이시니, 당연히 가져가시는 분도 하나님이시다."
전광 목사님의 책 평생 감사에서 이것을 **제로(0) 감사**라 부릅니다.

즉, 최악의 상황 속에서도 인간은 원래 아무것도 없는 제로 상태에서 태어났으니, 다시 원점으로 돌아가 시작하면 된다는 것입니다.

마음을 제로로 두면 감사하지 못할 것이 없습니다. 옷 한 벌, 밥 한 끼, 발 뻗고 잘 수 있는 작은 공간만 있어도 감사할 수 있습니다.

사탄은 욥을 시험하기 위해 모든 것을 빼앗았지만, 그의 **감사하는 태도만은 빼앗을 수 없었습니다.**

내가 누리는 현재의 모든 것이 내 능력과 수고 때문이 아니라 하나님께로부터 왔음을 인정하는 사람, 그리고 앞으로의 인생도 하나님이 인도하실 것임을 믿는 사람은 욥처럼 제로 감사를 드릴 수 있습니다.

사랑의 원자탄이라 불리던 **손양원 목사님**도 제로 감사를 드렸습니다.

여순 사건 때 두 아들을 잃은 목사님은, 아들을 죽인 안재선 씨가 사형을 선고받았을 때 그를 살려내어 양자로 삼았습니다. 그리고 한 달 사례비 8만원 중 1만원을 감사헌금으로 드리며, 아들의 장례식에서 다음과 같은 **10가지 감사를 고백**했습니다.

1. 나 같은 죄인의 혈통에서 순교의 자식을 나게 하셨으니 감사합니다.
2. 허다한 성도 중에서 보배 같은 자식을 내게 맡기셨으니 감사합니다.
3. 삼남 삼녀 중에서 가장 아름다운 두 아들을 바치게 된 축복을 감사합니다.
4. 한 아들의 순교도 귀한데 두 아들의 순교라니 감사합니다.
5. 예수 믿다 죽은 것도 귀한데 전도하다 총살당한 순교 주심을 감사합니다.
6. 미국 유학 가려던 아들을 더 좋은 천국으로 보내 주셔서 감사합니다.
7. 두 아들을 죽인 원수를 내 아들로 삼게 하신 사랑을 주셔서 감사합니다.

8. 두 아들의 순교 열매로 수많은 영혼이 천국에 들어올 것을 믿으니 감사합니다.
9. 이 역경 속에서도 기쁨과 여유 있는 믿음을 주신 주님께 감사합니다.
10. 이처럼 과분한 축복을 누리게 하심을 감사합니다.

제로 감사. 모든 것이 제로가 되었을 때, 비로소 드릴 수 있는 제로 감사는 빈손으로 온 이 인생에 주신 모든 것이 사실은 하나님께서 주신 것임을 깨달을 때 드릴 수 있는 감사입니다.

◇ 감사 기도

디모데전서 1:12

"나는 나에게 능력을 주신 우리 주 그리스도 예수께 감사를 드립니다. 주님께서 나를 신실하게 여기셔서, 나에게 이 직분을 맡겨 주셨습니다."

오늘의 감사 제목 5가지 적기

_____

_____

_____

_____

_____

_____

◇ 내일의 소망 (기도제목)을 적어 보고 기도하세요.

모든 것은 주님께로부터 옵니다. 주님께 구합시다. 주님께서 주님의 영광을 위하여 우리에게 주실 것입니다.

로마서 11: 36

만물이 그에게서 나고, 그로 말미암아 있고, 그를 위하여 있습니다. 그에게 영광이 세세에 있기를 빕니다. 아멘.

♡ 오늘의 중보 기도 : 언론, 미디어, 인터넷 세상

- 언론 및 미디어 종사자들이 복음으로 변화되어, 레미제라블이나 패션 오브 크라이스트와 같은 작품을 통해 선교에 기여하게 하소서.
- 청소년들을 유혹하고 사회를 병들게 하는 음란·자살 사이트가 사라지게 하소서.
- 거짓 뉴스와 사실 왜곡으로 사회를 분열시키는 일이 없게 하소서.
- 복음을 반대하는 미디어가 교회를 대적하지 못하게 하소서.
- 미디어와 인터넷 세상이 또 하나의 **땅끝 선교지**가 되게 하소서.

♡ 뷔아피(비신자)를 위한 기도

마태복음 13:19

"누구든지 하늘 나라를 두고 하는 말씀을 듣고도 깨닫지 못하면, 악한 자가 와서 그 마음에 뿌려진 것을 빼앗아 간다. 길가에 뿌린 씨는 그런 사람을 두고 하는 말이다."

그들이 복음을 들을 때, 사단의 방해가 없게 하소서.

✝ 마무리 기도

만유의 주 하나님,

주신 분도 하나님이시요, 가져가신 분도 하나님이심을 믿습니다.

모든 만물이 주님께로부터 나왔고, 주님의 영광을 위하여 있음을 고백합니다.

주의 영광을 구하는 삶이 가장 감사하고 행복한 삶임을 깨닫게 해 주소서.

우리의 모든 것 되신 예수님의 이름으로 기도 드립니다.

아멘.

✝ 금식 가이드

- 항상 물을 가지고 다니며 마시십시오.
- 무엇을 먹을까 생각하기보다, 하나님이 기뻐하시는 것이 무엇일까 묵상하며 **영혼의 식욕을 채우는 하루**가 되십시오.

제 11 일
감사로 전하는 복음

시편 50:23

"감사하는 마음으로 제물을 바치는 사람이 나에게 영광을 돌리는 사람이니, 올바른 길을 걷는 사람에게, 내가 나의 구원을 보여 주겠다."

감사에는 세 가지 차원이 있다고 합니다.

첫째는 **조건부 감사**로서 "주시면 감사"입니다.

둘째는 **때문에 감사**로, 원하던 것이 이루어졌을 때 하는 감사입니다.

그러나 하나님이 기뻐하시는 진정한 감사는 어려움과 환난을 당해도 여전히 드리는 **"그럼에도 감사"** 입니다.

이 "그럼에도 감사" 때문에 감동을 받고 예수님을 만나 선교사로 헌신하게 된 분이 계십니다. 바로 이민교 선교사님이십니다.

이 선교사님은 원래 독실한 원불교 스님이셨습니다. 그는 소록도의 한센병 환자들을 찾아가 7년 동안 헌신적으로 섬기며, 부처님의 은덕으로 다음 생에는 건강하게 태어나기를 바라며 포교했습니다. 그러나 소록도의 할머니, 할아버지들은 오히려 그를 불쌍히 여기며 이렇게 고백했습니다.

" 우리는 예수님 믿어서 행복해요. 난 오히려 이 병이 감사합니다. 이 병이 아니었다면, 예수님을 못 만났을 것 아니에요? " 하며, **그럼에도 감사한다.** 라는 고백을 하는 것이 아닙니까?

7년의 세월 동안, 스님은 어느덧, 할머니, 할아버지의 예수 사랑, 예수 감사, 예수 행복에 점점 더 물들어 가게 되었습니다. 그리고, 어느날, 법당에 앉아 염불을 하던 그에게 성령이 강권적으로 임하셨습니다. 난생 처음 방언 받고, 눈물 콧물 다 쏟으며 회개를 하게 된 스님은 180도 변화되어, 카자흐스탄, 우즈베키스탄에서 선교 사역을 하며, 특히 그 지역의 청각 장애인 청소년들을 모아 축구팀을 만들었는데, 이 축구팀이 아시아 게임에 출전하여 메달까지 따자, 명실 공히 청각 장애인 축구팀 감독으로 유명해지게 되셨습니다.
나중에, 이민교 선교사님은 이 청소년 축구팀을 데리고, 소록도의 할머니, 할아버지들을 찾아가 인사 시켰는데, 그때, 이렇게 말씀해 주시더랍니다.

"우리가 이 스님이 예수님 믿게 해 달라고 7년을 기도했지…"

그럼에도 감사하는 사람들은 자신의 처지에 상관 없이 하나님 때문에 행복하고 감사한 사람들입니다. 그런 사람들이 "그럼에도 감사합니다."라고 고백할 때, 그 보다 더 강력한 전도는 없습니다.
복음이 파워풀하게 전파되던 시기는 로마의 잔인한 핍박 속에서도 "그럼에도 감사"가 가장 넘쳐 나던 초대 교회 시절이었습니다. 우리에게 다시 "그럼에도 감사" 가 넘쳐 나서, 복음의 능력이 회복되길 간절히 소망해 봅니다.

◇ 감사 기도

오늘은 "그럼에도 감사"를 드립시다. 사도 바울은 육체의 연약함을 고쳐 달라는 기도에 하나님의 거절을 받았을 때에도 감사했습니다. 오히려 질병 때문에 더 겸손히 주님을 의지하며 "내가 약할 때 오히려 강합니다"라고 고백했습니다.

고린도후서 12:10

"그러므로 나는 그리스도를 위하여 병약함과 모욕과 궁핍과 박해와 곤란을 겪는 것을 기뻐합니다. 내가 약할 그때에, 오히려 내가 강하기 때문입니다."

오늘의 감사 제목 5가지 적기

_____

_____

_____

_____

_____

◇ 내일의 소망 (기도제목)을 적어 보고 기도하세요.

이제 우리의 소망을 간구로 올려 드립시다. 우리는 고난과 어려움의 제거를 구하지만, 때로 하나님은 고난을 이길 능력을 주십니다.

빌립보서 4:12-13

"나는 비천하게 살 줄도 알고, 풍족하게 살 줄도 압니다. 배부르거나 굶주리거나, 풍족하거나 궁핍하거나, 그 어떤 경우에도 적응할 수 있는 비결을 배웠습니다.

나에게 능력을 주시는 분 안에서, 나는 모든 것을 할 수 있습니다."

♡ 오늘의 중보 기도 : 학교와 교사들

- 미국은 1963년 학교에서 기도회와 성경 공부를 폐지했습니다. 그 이후 학생들은 윤리 의식을 잃고 탈선과 범죄가 급증했습니다.
- 교육자들 가운데 성경 공부와 기도의 중요성을 깨닫게 하시고, 학교 안의 자발적 기도회와 성경 공부가 억압받지 않게 하소서.
- 진화론, 동성애 등 성경의 진리를 벗어난 가르침 속에서 우리 자녀들을 보호하여 주소서.
- 교회 주일학교 교사들과 섬기는 이들을 성령으로 충만케 하셔서, 우리 자녀들이 진리 안에서 자라게 하소서.

♡ 뷔아피를 위한 기도

고린도후서 5:20

"그러므로 우리는 그리스도의 사절입니다. 하나님께서는 우리를 시켜서 여러분에게 권고하십니다. 우리는 그리스도를 대리하여 간청합니다. 여러분은 하나님과 화해하십시오."

하나님은 뷔아피들이 하나님과 화해하기를 원하십니다.
" 우리가 주님의 사절로서 그 마음을 잘 전하게 하소서. 뷔아피들 마음속에 하나님과 가까워지고 싶은 소원이 생기게 하소서."

† 마무리 기도

전능하신 하나님,

때로 우리의 기도에 "아니오"라고 응답하실 때에도, 선하신 하나님께서 가장 좋은 응답을 주심을 믿고 신뢰하게 하소서.

고난 중에 숨겨진 하나님의 뜻을 깨닫게 하시고, 어떤 풍파 속에서도 흔들리지 않는 평강을 누리게 하소서.

우리의 피난처 되신 예수 그리스도의 이름으로 기도합니다.

아멘.

† 금식 가이드

- 항상 물을 가지고 다니면서 마시십시오.
- 한 컵의 생수, 소박한 채소와 과일이라도 감사하는 마음으로 드리십시오. 그것이 하루를 지탱하는 에너지가 됩니다.

제 12 일
감사를 시들게 하는 영혼의 병

디모데후서 3:1-2

"그대는 이것을 알아두십시오. 말세에 어려운 때가 올 것입니다. 사람들은 자기를 사랑하며, 돈을 사랑하며, 뽐내며, 교만하며, 하나님을 모독하며, 부모에게 순종하지 아니하며, 감사할 줄 모르며, 불경스러울 것입니다."

한국은 짧은 시간에 놀라운 경제 성장과 문화 성장을 이루었습니다. 이러한 풍요를 누리게 된 한국인들의 행복 지수는 얼마나 될까요? 놀랍게도 한국은 소득 상위 40개국 중 **39위**로 최하위를 기록했습니다.
왜 행복 지수가 이렇게 낮을까요? 미국 일리노이 주립대 심리학자 에드 디너(Ed Diener),는 두 가지 요인을 들었습니다: **돈과 비교 의식**입니다.
 한국 사람들은 돈을 너무 중시한 나머지 사회적 관계를 희생하고, 자신을 다른 사람과 비교하며 경쟁하느라, 가진 것을 즐길 여유가 너무 없다는 것입니다.
C.S. 루이스는 마귀가 인간을 불행하게 하는 무기가 바로 **비교 의식**이라고 말했습니다. 비교의식은 아무리 마셔도 갈증이 나는 바닷물과 같습니다. 남의 떡이 항상 내 떡보다 커 보이고, 사촌이 땅을 사면 배가 아픈 이유가 바로 이것입니다.

비교 의식은 사람을 자기 중심으로 세상을 바라보게 만듭니다. 이렇게 자기 중심성이 강해지면 **자기애**, 즉 심리학에서 말하는 **나르시즘**에 빠지게 됩니다. 연못에 비친 자기 모습에 심취하여 연못에 빠진 나르시스처럼, 자기 사랑에 빠진 사람은 자기 중심성에서 벗어나지 못하고 결국 불행하게 됩니다.

자기 중심적인 사람에게 감사 제목을 적어 보라 하면, 다른 사람과 비교하느라 감사의 개수가 현저히 적습니다. 내용 또한 **나의 건강, 나의 능력, 내 가족, 내 소유** 등 자기 중심적이고 하나님과 이웃을 향한 감사보다는 **나 자신**에 대한 감사가 대부분입니다.

깨진 그릇에는 물을 가득 채울 수 없는 것처럼, **병든 영혼도 감사를 가득 채울 수 없습니다.**

우리의 영혼을 병들게 하는 것은 무엇입니까? 감사하지 못하게 하는 것은 무엇입니까?

- 모든 것을 "나"라는 기준으로 비교하는 **자기 중심적 자기 사랑**입니다.
- 내가 더 가지지 못하면 비참하고, 더 가지면 교만하게 만드는 것이 바로 자기 중심적 자기 사랑입니다.

사울왕은 여인들이 "사울은 천천이요, 다윗은 만만이다."라는 노래를 듣고 큰 시험에 빠졌습니다. 자기 자신을 다윗과 비교하며, 말할 수 없는 열등감에 빠져 괴로워했습니다. 결국 평생 다윗을 쫓아다니며 그를 죽이려다가 모든 힘을 소진하고 말았습니다.

만약 사울왕이 오히려 다윗을 칭찬하며, 이렇게 유능하고 충성스러운 부하를 주신 하나님께 감사드렸다면 역사는 달라졌을 것입니다. 그러나 그는 감사하지 못했고, 자신이 더 큰 영광을 얻지 못한 것을 비참하게 여겼습니다. 이미 왕이었으나, 왕 된 것을 누리지도, 감사하지도 못했습니다.

이처럼 **자기 중심적 비교 의식은 큰 불행을 가져옵니다.**

우리 영혼을 시들게 하는 병을 고칠 길은 **감사뿐입니다.** 감사가 우리의 살 길입니다.

◇ 감사 기도

오늘은 감사 기도를 드립시다.

혹시 우리의 감사가 너무 자기 중심적이었거나, 남과 비교하며 불평한 것이 있었다면 회개합시다.

하나님은 우리 한 사람, 한 사람을 누구와도 비교하지 않으십니다.

세상에 하나뿐인 오리지널 걸작품으로 만드셨기 때문입니다.

시편 139:14

"내가 이렇게 빚어진 것이 오묘하고, 주님께서 하신 일이 놀라워, 이 모든 일로 내가 주님께 감사를 드립니다. 내 영혼은 이 사실을 너무도 잘 압니다."

오늘의 감사 제목 5가지 적기

_____

_____

_____

_____

_____

◇ 내일의 소망 (기도제목)을 적어 보고 기도하세요.

이제 우리의 소망을 하나님께 간절히 올려 드립시다.
우리가 얻지 못한 것은 기도하지 않았기 때문입니다.

_____

_____

_____

_____

야고보서 4:2-3

"여러분은 욕심을 부려도 얻지 못하면 다투고 싸웁니다. 여러분이 얻지 못하는 것은 구하지 않기 때문이며, 구하여도 얻지 못하는 것은 자기가 쾌락을 누리려 잘못 구하기 때문입니다."

♡ 오늘의 중보 기도

기도 포커스 : 만남의 복 (건강한 관계)

고린도후서 6:14-16

"믿지 않는 사람들과 멍에를 함께 메지 마십시오. 정의와 불의가 어떻게 짝하며, 빛과 어둠이 어떻게 사귈 수 있겠습니까? 그리스도와 벨리알이 어떻게 화합하며, 믿는 자가 믿지 않는 자와 더불어 함께 차지할 몫이 무엇이며, 하나님의 성전과 우상이 어떻게 일치하겠습니까? 우리는 살아 계신 하나님의 성전입니다."

전도서 4:9-10

"혼자보다는 둘이 더 낫다. 두 사람이 함께 일할 때 더 좋은 결과를 얻을 수 있다. 그 가운데 하나가 넘어지면, 다른 한 사람이 일으켜 줄 수 있다. 그러나 혼자 가다 넘어지면 일으켜 줄 사람이 없다."

에스더, 디모데, 다윗과 나단, 엘리야와 엘리사, 마리아와 엘리사벳, 룻과 나오미 등 성경 속 멘토-멘티 관계를 통해 위기 속 도움을 받았습니다.
살다 보면 복이 되는 만남도 있지만, 죄로 이끄는 잘못된 만남도 있습니다.

- 하나님께 여러 관계를 분별할 지혜를 구하며, 나를 세우는 복된 만남으로 삶을 세워가도록 기도합시다.

♡ 뷔아피(비신자)를 위한 기도

고린도후서 4:4

"그들의 경우를 두고 말하면, 이 세상의 신이 믿지 않는 자들의 마음을 어둡게 하여, 하나님의 형상이신 그리스도의 영광을 선포하는 복음의 빛을 보지 못하게 한 것입니다."

- 구름이 해를 가리듯, 뷔아피의 마음을 가려 복음의 빛을 보지 못하게 하는 세상의 신들을 예수 이름으로 명하노니, 떠나가게 하소서.
- 뷔아피가 복음의 빛을 깨닫는 마음을 갖게 하소서. 기도합시다.

✝ 마무리 기도

여호와 라파, 치유의 하나님,

무엇보다 죄로 상처받고 깨진 우리의 영혼을 치유하시고 회복시켜 주시니 감사합니다.

늘 감사함으로 우리의 영혼이 주님을 향해 빛을 내며 찬송하게 하소서.

우리의 치유자 되신 주 예수 그리스도의 이름으로 기도합니다.

아멘.

✝ 금식 가이드

- 항상 물을 가지고 다니면서 마시십시오.
- 다니엘 식단에 지나치게 신경 쓰지 말고, 오늘 **영혼의 양식과 기도 시간**에 집중하십시오.
- 기도하는 시간과 장소를 꾸준히 지킬 때, 형통한 삶의 습관을 가지게 됩니다.

제 13 일
깊은 회개, 더 깊은 감사

로마서 7:24-25

"아, 나는 비참한 사람입니다. 누가 이 죽음의 몸에서 나를 건져 주겠습니까? 우리 주 예수 그리스도를 통하여 나를 건져 주신 하나님께 감사를 드립니다. 그러니 나 자신은 마음으로는 하나님의 법을 섬기고, 육신으로는 죄의 법을 섬기고 있습니다."

사도 바울은 "죄의 종 노릇 하는 것이 참 비참하다"고 고백하면서 동시에, 그 죄성에서 자신을 건져 주신 하나님께 감사를 드립니다. 사실 죄의 비참함을 깨달을수록, 죄에서 건져 주신 하나님의 은혜가 얼마나 놀라운지 깨닫게 됩니다. 그래서 깊은 회개는 더 깊은 감사로 이어집니다.
참으로 이상한 것은, 죄인일수록 그 죄를 깨닫지 못하고, 의인일수록 죄를 더 깨닫게 된다는 것입니다.

이는 빛이 환해질수록 더러움이 드러나는 이치와 같습니다. 하나님 앞에 가까이 나아갈수록, 나의 죄는 저절로 드러납니다. 죄 앞에서 쉽게 무너지는 나의 연약함과 무기력함을 더 깨닫게 됩니다. 그런데 하나님 앞에서 나의 죄를 고백하는 것은 수치스럽고 고통스러운 것이 아니라,
오늘 사도 바울의 고백처럼 감사의 고백으로 이어집니다.

하나님 앞에서 진심으로 죄를 고백하면, 하나님은 예수님의 피로 우리 죄를 씻어 주시고, 용서해주실 뿐 아니라 새롭게 살 수 있도록 성령의 능력을 부어 주시기 때문입니다.

이 은혜가 얼마나 놀라운 것인지 새롭게 깨닫게 된 사건이 있었습니다. 한 자매님이 자신의 죄를 고백하고 싶다며 목사님과 저를 찾아온 적이 있습니다. 그 자매님은 자신이 저지른 죄에 대해 매우 아파하고, 고통스러워했습니다. 목사님은 십자가의 복음을 전하며, 예수님께서 대신 죄값을 치르셨으니 이제 예수님을 믿고 새로운 삶을 살자고 권면했습니다.

그러나 자매님은 여전히 자신이 죄값을 치러야 한다는 생각에서 벗어나지 못하고 괴로워했습니다. 십자가의 복음을 아무리 설명해도, 그녀에게는 예수님의 십자가가 충분하지 않았습니다. 깊은 죄책감에서 벗어나지 못한 자매님은 결국 정신과 치료까지 받아야 했습니다. 옆에서 지켜보며 너무 안타까웠고, 그때 깨달았습니다.

예수님이 나의 죄값을 치르시고 나를 구원하셨다는 사실을 믿는 것 자체가 은혜이며, 성령의 도우심이라는 사실입니다. 그러면, 사도 바울처럼 감사하게 됩니다.

진실한 회개는 진정한 감사로 이어집니다.

 지금도 모든 그리스도인들에게 사랑받는 찬송 "Amazing Grace"는 바로 이런 깊은 회개에서 나온 감사의 노래입니다.

"나 같은 죄인 살리신 주 은혜 놀라와 잃었던 생명 찾았고 광명을 얻었네.
큰 죄악에서 건지신 주 은혜 고마워 나 처음 믿은 그 시간 귀하고 귀하다.
이제껏 내가 산 것도 주님의 은혜라 또 나를 장차 본향에 인도해 주시리.

거기서 우리 영원히 주님의 은혜로 해처럼 밝게 살면서 주 찬양 하리라."

이 찬송시는 1772년 존 뉴턴이라는 성공회 사제가 썼습니다. 사실 그는 불우한 어린 시절을 보냈습니다. 기독교 신자였던 어머니가 일찍 돌아가시고, 계모 밑에서 학대 받으며 자랐던 그는 늘 폭풍같은 분노로 주변 사람들을 괴롭히곤 했습니다. 노예선의 선원으로 일할 때도 자신의 분노를 힘없는 노예들에게 잔인하게 풀곤 했습니다

그러던 어느날, 그가 탄 배가 큰 폭풍을 만나게 되었습니다. 곧 죽게 될 것 같은 위기 앞에 서자 그는 비로소 회개하며, 하나님께 살려달라고 간청했습니다. 그러자, 하나님은 그의 회개를 받으시고, 살려 주셨습니다. 자신의 죄를 용서해 주신 하나님의 은혜에 감동받은 존 뉴턴은 그후 노예선 선원의 일을 그만 두고, 성공회 사제가 되어 노예 무역을 금지하는 법을 만들 수 있도록 많은 크리스챤 정치가들에게 힘이 되어 주었습니다.

자신을 끔찍한 죄에서부터 구해 주신 하나님의 놀라운 은혜, 그는 평생 그 은혜를 잊지 않았습니다. 그리고, 그의 감사는 지금까지 아름다운 찬송시가 되어, 수 백년 동안 많은 사람들에게 불려지고 있습니다.

◇ 감사 기도

나의 죄를 용서해 주시고, 그것을 믿게 하시며, 이제 내 힘이 아니라 성령의 능력으로 살 수 있도록 해 주시는 하나님의 한없는 은혜에 감사드립니다.

시편 65:3-4

"저마다 지은 죄 감당하기에 너무 어려울 때, 오직 주님만이 그 죄를 용서하여 주십니다. 주님께서 택하시고 가까이 오게 하셔서 주님의 뜰에 머물게 하신 그 사람은 복이 있는 사람입니다. 그러므로 우리는 주님의 집, 주님의 거룩한 성전에서 온갖 좋은 복으로 만족하렵니다."

CS 루이스는 그리스도인의 생명력은 회개라고 말합니다. 살아 있는 몸이 상처를 입어도 회복할 수 있듯, 그리스도인은 절대 죄를 안 짓는 사람이 아니라, 넘어져도 회개하고 다시 일어나 새롭게 시작할 수 있는 사람입니다. 오늘 시작한 회개를 날마다 더 깊이 드릴 수 있기를 소망합니다. 회개는 깊은 죄책감이 아니라 더 깊은 감사로 우리를 이끌기 때문입니다.

오늘의 감사 제목 5가지 적기

◇ 내일의 소망 (기도제목)을 적어 보고 기도하세요.

기도 포커스 : 북한

이사야 58:7

"내가 기뻐하는 금식은 굶주린 사람에게 너의 먹거리를 나누어 주고, 떠도는 불쌍한 사람을 집에 맞아들이며, 헐벗은 사람을 보았을 때에 그에게 옷을 입혀 주는 것, 너의 골육을 피하여 숨지 않는 것이 아니겠느냐?"

- 한국, 미국, 일본 등 한반도 주변국 정상들에게 지혜를 주셔서 북핵 문제와 한반도의 안보, 국방을 위해 협력하게 하소서.
- 모든 군사적 도발과 시도가 무산되게 하시고 한반도의 안보를 지켜 주소서.
- 김일성 일가 신격화·우상화 하는 주체사상이 종식되게 하시고, 하나님을 경외하며 국민의 생명과 자유, 인권을 보장하는 정부와 지도자들이 세워지게 하소서.

- 지하교회에서 믿음의 싸움을 하는 영적 지도자들과 성도들을 보호하시고 새 힘을 주소서.
- 탈북민과 북한에 남아 있는 그들의 가족을 보호하시고 지켜 주소서.
- 탈북 과정에서 하나님을 만난 이들이 남한에 와서도 신앙과 사명을 잊지 않게 하소서.
- 속히 복음으로 통일되게 해 주시고, 주님께서 장벽을 허무실 때 수용할 준비가 되게 하소서

♡ 뷔아피(비신자)를 위한 기도

요한복음 1:5

"그 빛이 어둠 속에서 비치니, 어둠이 그 빛을 이기지 못하였다."

사랑하는 주님, 복음의 빛을 비추어 주셔서 그리스도의 영광을 보지 못하게 했던 모든 어둠을 뷔아피들의 마음에서 물러가게 해 주시옵소서.
기도합시다.

† 마무리 기도

사랑의 주님, 우리의 죄를 십자가 보혈로 용서해 주시고, 새 삶을 살 수 있도록 성령을 통해 은혜와 능력을 주시니 감사합니다. 내가 받아야 할 천벌을 대신 받으신 주 예수 그리스도의 이름으로 기도합니다.
아멘.

† 금식 가이드

- 물과 더불어 때로는 레몬차나 옥수수 수염차가 공복에 도움이 됩니다.
- 분주한 스케줄은 되도록 피하고, 말씀과 기도에 우선 순위를 둡니다. 쇼핑이나 극장 구경 등은 금식 기간 동안 삼가합니다.

제 14 일
감사의 말, 생명의 말

에베소서 5:4

더러운 말과 어리석은 말과 상스러운 농담은 여러분에게 어울리지 않습니다. 오히려 여러분은 감사에 찬 말을 하십시오.

말에는 생명력이 있습니다. 하나님은 말씀으로 세상을 창조하셨고, 하나님의 형상으로 창조된 사람의 말에도 창조의 능력이 있습니다. 흔히 말에는 씨앗이 있다고 합니다. 우리가 어떤 말을 심느냐에 따라 거두는 것이 달라 집니다.

유명한 개그맨 그리스챤 이성미씨는 한 때, 자주 말썽을 피우는 아들 때문에 마음 고생이 심했다고 합니다. 하루는 아들이 학교에 무단 결석을 했다는 전화를 받고, 화가 머리끝까지 솟아 평소처럼 심한 불평과 욕설을 아들에게 퍼 부었습니다. " 넌 인생 끝났어" 라고 아들에게 쏘아붙이고는 뒤돌아서는데, 마음 속으로 이런 음성이 들리더랍니다. " 네가 말한 대로 그렇게 네 아들이 되었으면 좋겠느냐?" 그 음성에 정신이 퍼뜩 든 그녀는 아들에게 17 년 만에 처음으로 무릎을 꿇고 사과를 했습니다. 엄마의 사과를 받은 아들은 눈물을 흘리며 이렇게 말하더랍니다.
" 엄마 나이가 몇 살인데, 왜 이제서야 사과를 하는 거야. 왜 이제 철이 들었어."

그 후로 아들은 문제 행동이 줄어 들더니, 어느덧 지금은 대학에서 신학을 공부하는 학생이 되었다고 합니다.
하나님은 우리가 하는 말을 듣고 계십니다.
이스라엘 백성이 가나안 정탐꾼들의 부정적인 보고를 듣고 두려움에 떨며 불평하자, 하나님은 이렇게 말씀하셨습니다.

민수기 14:28 너희가 나의 귀에 들리도록 말한 그대로, 내가 반드시 너희에게 하겠다.

그들이 말 한대로 되었습니다. 하나님 앞에서 불평한 사람은 한 사람도 약속의 땅에 들어가지 못한 것입니다. 오직 믿음의 말을 한 사람, 갈렙과 여호수아 만이 광야 2 세대들과 함께 약속의 땅에 들어가게 되었습니다.
우리의 말은 하나님만 들으시는 것이 아닙니다. 하나님이 창조하신 모든 만물도 듣습니다.
에모토 마사루 박사는 〈물은 답을 알고 있다〉 라는 책을 통해 우리가 하는 말에 따라 물의 결정체가 변하는 것을 과학적으로 입증하여 전세계를 놀라게 했습니다. 에모토 마사루 박사의 연구에 의하면 물에게 말을 들려 주거나, 글을 써서 보여 주면, 물의 결정체가 달라지는데, 특히 감사합니다. 사랑합니다 라는 말을 들려 주었을 때, 가장 아름답게 변한다는 것을 현미경 사진으로 입증해 보였습니다. 사람의 몸은 70 퍼센트가 물입니다. 태아는 90퍼센트, 신생아는 80퍼센트가 물로 이루어졌습니다. 어린 아이일 수록 우리가 감사와 사랑을 표현 할 때, 아이들은 아름답게 성장합니다.
하나님이 그렇게 사람을 만드셨습니다. 꼭 물이 아니더라도 우리의 얼굴은 감사와 사랑의 말을 들을 때 밝게 빛을 냅니다.

오늘도 우리의 말을 감사로 채워 봅시다.

감사할수록 더 감사한 일이, 불평할 수록 더 불평스러운 일들이 생깁니다.

하나님은 당신의 귀에 들리는 대로 이루시기 때문입니다.

◇ 감사 기도

우리의 말을 들어 주시는 하나님께 감사드립시다.

요한복음 11:41

사람들이 그 돌을 옮겨 놓았다. 예수께서 하늘을 우러러 보시고 말씀하셨다. "아버지, 내 말을 들어주신 것을 감사드립니다.

오늘의 감사 제목 5가지 적기

◇ 내일의 소망 (기도제목)을 적어 보고 기도하세요.

이제 우리의 소망을 기도로 올려 드립시다.
오늘은 우리의 말이 생명의 언어가 되게 해 주십사 기도합시다.

잠언 13: 2-3

선한 사람은 열매 맺는 말을 하여 좋은 것을 넉넉하게 얻지만, 반역자는 폭행을 당할 뿐이다. 말을 조심하는 사람은 자신의 생명을 보존하지만, 입을 함부로 여는 사람은 자신을 파멸시킨다.

♡ 기도 포커스 : 치유

잠언 4: 23

그 무엇보다도 너는 네 마음을 지켜라. 그 마음이 바로 생명의 근원이기 때문이다.

성경은 우리의 육신을 지키라 하지 않으시고, 마음을 지키라고 하십니다. 결국 이 육신은 낡고 병들어 흙으로 돌아가지만, 마음을 지키면, 영원한 생명으로 들어가기 문입니다. 주변에 육신의 질병 때문에 마음이 약해지신 분들이 있습니까? 마음을 지켜 주시도록 간구합시다. 그래서, 마음도 강건해지고, 육신도 강건해지도록 치유의 하나님 여호와 라파 하나님께 간절히 간구합시다.

♡ 뷔아피(비신자)를 위한 기도

에스겔 34:16

헤매는 것은 찾아오고, 길 잃은 것은 도로 데려오며, 다리가 부러지고 상한 것은 싸매어 주며, 약한 것은 튼튼하게 만들겠다. 그러나 살진 것들과 힘센 것들은, 내가 멸하겠다. 내가 이렇게 그것들을 공평하게 먹이겠다.

우리를 찾아 주신 분도 주님이시요. 우리를 싸매고 치유해 주신 분도 주님이십니다.
우가 바로 증인입니다. 우리의 회복이 증거가 되어, 잃어버린 영혼들에게 주님께로 다시 돌아올 수 있는 확신과 용기가 되게 해 주소서. 기도합시다.

† 마무리 기도

말씀으로 세상을 창조하신 하나님

우리의 말을 통해 하나님의 성품과 능력이 드러나게 해 주소서.

말씀이 육신이 되신 우리 주 예수 그리스도의 이름으로 기도합니다.

아멘.

† 금식 가이드

- 당신이 좋아하는 찬양과 경배 음악을 들으십시오.
- 하나님의 작고 세미한 음성을 들으며 묵상하십시오
- 체중이 계속 줍니다.

제 15 일
감사가 불평을 이깁니다

시편 37:8

"노여움을 버려라. 격분을 가라앉혀라. 불평하지 말아라. 이런 것들은 오히려 악으로 기울어질 뿐이다."

감정 자체는 좋고 나쁜 것이 없습니다. 감정은 우리의 상태를 알려 주는 신호이기 때문입니다. 하지만, 감정이 보내 주는 신호를 받고, 대처하는 우리의 태도에는 문제가 있을 수 있습니다. 감정은 전파력이 있기 때문입니다. 나의 감정에 내가 어떻게 반응하느냐에 따라 내 주변의 분위기가 어두워 지기도 하고, 밝아 지기도 합니다.
그래서 특히 부정적인 감정일수록 잘 반응하고 처리해야 합니다.
어떻게 하면, 이 부정적인 감정을 잘 다스릴 수 있을까요? 그것은 그 감정의 원인이 되는 문제를 감사의 제목으로 삼는 것입니다.
그리스도인의 건강한 관계에 대한 세미나를 하시는 **빌 가서드(Bill Gothard) 박사님**은 "모든 짜증 거리는 감사의 제목이다. 짜증 요인을 감사로 바꾸면 범사에 감사할 수 있다"고 가르쳤습니다.
빌 박사님은 어렸을 때 동생과 같은 침대를 사용했는데, 자신이 정리한 침대를 동생이 자꾸만 어지럽힐 때마다 동생에게 항상 짜증을 냈다고 합니다. 어느 날 주님이 "네 동생을 사랑하니?" 하고 물으셨고, 그는 "네"라고 대답했습니다. 주님은 "그러면 네가 매일 이불을 정리해 주어 동생을 사랑한다는 것을 증명해 주지 않겠니?"라고 말씀하셨습니다.

처음에는 "이러다 평생 침대 정리는 내가 해야 하는 것이 아닌가" 하는 두려움이 몰려 왔습니다. 하지만, "네가 매일 침대를 정리함으로 동생을 사랑한다는 것을 증명해 보아라"라는 마음의 음성을 거부할 수 없어서, 그는 자신의 권리를 내려놓고 동생을 사랑하기로 결단하고 침대 정리를 대신 해 주었습니다. 그러자, 마음의 변화가 생겼습니다. 미움과 짜증이 사라지고 사랑의 눈으로 동생을 바라볼 수 있게 된 것입니다. 그리고, 놀랍게도 그때부터 동생도 스스로 침대 정리를 시작했다고 합니다.

짜증은 나의 안전과 권리가 침해될 때 일어나는 감정의 신호입니다.

"내 것"을 지키고 싶은데, 지킬 힘이 없어 짜증이 나는 것입니다. 하지만, 모든 것은 주님께서 주신 것입니다.

그래서, 짜증이 날 때마다 "아, 사실 이것은 내 것이 아니라 주님의 것이지" 하고 주님께 돌리며 감사드리면, 하나님은 나의 짜증과 분노를 가져가실 뿐 아니라, 그 원인을 일으켰던 환경도 바꾸어 주십니다.

늘 언니의 옷을 몰래 빌려 입고 돌려 주지 않거나 아무데나 던져두는 여동생이 있었습니다. 빌 박사님의 강의를 듣고, 언니가 짜증 대신 감사를 해 보기로 결심을 했습니다. 그래서 "주님, 이 옷은 내 옷이 아니라 주님의 옷입니다. 내가 돈 주고 샀지만, 주님이 은혜로 주신 것입니다"라고 고백했습니다. 그러자, 신기하게도 짜증이 사라지고, 동생을 친절하게 대할 수 있게 되었습니다. 그리고, 얼마 지나지 않아 동생에게 변화가 생겼습니다. 어느날 동생이 빌려 입은 옷을 깨끗하게 다려 돌려 준 것입니다.

주님께 드리면, 주님은 모든 것을 잘 관리하십니다.

우리의 불평과 짜증 속에 사실 감사 제목이 보석처럼 숨어 있습니다.

- 집이 좁아 불만이라면, 이미 집을 갖고 있는 것입니다.
- 부모 때문에 힘들다면, 부모님이 살아계신 것입니다.
- 배우자 때문에 고민이라면, 결혼한 사람임을 의미합니다.
- 자식 때문에 속상하다면, 자녀가 있다는 축복입니다.
- 부하직원이 속을 썩인다면, 직장이 있다는 의미입니다.

불만 속에도 감사의 보석이 있습니다. 그 보석을 찾아 주님께 감사드리면, 불평이 감사로 바뀝니다. 그러면, 운명이 달라집니다.

◇ 감사 기도

우리 마음의 평화를 깨뜨리는 문제나 사람들을 감사로 올려 드립니다. 감사가 불평을 이기고, 평화를 가져옵니다.

골로새서 3:15

"그리스도의 평화가 여러분의 마음을 지배하게 하십시오. 이 평화를 누리도록 여러분은 부르심을 받아 한 몸이 되었습니다. 또 여러분은 감사하는 사람이 되십시오."

오늘의 감사 제목 5가지 적기

_____

_____

_____

_____

_____

◇ 내일의 소망 (기도제목)을 적어 보고 기도하세요.

이제 우리의 소망을 기도로 올려 드립니다. 기도할 때 주님은 우리가 육신의 연약함 때문에 넘어지더라도 다시 일어설 수 있도록 도와주십니다.

_____

_____

_____

_____

_____

마태복음 26:41

"시험에 들지 않게 깨어 있어 기도하라. 마음에는 원이로되 육신이 약하도다."

♡ 오늘의 중보 기도 : 용서가 필요한 사람들

내가 용서 받았음을 믿고 감격한 사람은 용서하는 것이 쉬워집니다. 하지만, 그럼에도 불구하고 가까운 사람에게 받은 상처는 아프고 깊어서 용서하기가 쉽지 않을 때가 많습니다. 오늘 그리스도의 십자가 앞에서, 주님께서 어떤 대가를 치루시고 나를 용서해 주셨는가를 묵상해 봅시다. 그 십자가 앞에서 우리가 용서하지 못할 사람은 없습니다.

용서는 감정이 아니라 내게 진 빚을 탕감해 주겠다는 결단이요, 내가 복수하지 않겠다라는 결단입니다. 용서합시다. 그럴 때에, 그들로부터 묶여 있던 섭섭함과 분노의 감정으로부터 풀려나게 됩니다. 자유하게 됩니다. 용서를 결단하는 기도를 드립시다.

주여 우리에게 새 일을 행하여 주소서.

♡ 뷔아피(비신자)를 위한 기도

사도행전 26:18

이것은 그들의 눈을 열어 주어서, 그들이 어둠에서 빛으로 돌아서고, 사탄의 세력에서 하나님께로 돌아오게 하며, 또 그들이 죄사함을 받아서 나에 대한 믿음으로 거룩하게 된 사람들 가운데 들게 하려는 것이다' 하고 말씀하셨습니다."

뷔아피의 마음의 눈을 열어 주어서, 어둠에서 빛으로 돌아서고, 사탄의 세력에서 하나님께로 돌아오게 해 주셔서, 죄사함을 받고, 믿음으로 거룩하게 된 사람들의 기업을 얻게 해 주소서. 간구합시다.

† 마무리 기도

우리를 기뻐하시는 하나님 아버지,

우리의 불평을 감사로 바꾸어 주셔서, 늘 주님이 주시는 기쁨으로 살게 해 주시옵소서.

우리의 기쁨 되시는 예수 그리스도의 이름으로 기도합니다.

아멘.

† 금식 가이드

- 계속 수분 보충을 하십시오.
- 기도할 때, 하나님의 음성을 듣고자 하십시오.
- 주님의 임재하심이 여러분이 어딜 가든지 느껴질 것입니다.

제 16 일
감사가 감사를 낳습니다

고린도후서 4:15

"이 모든 일은 다 여러분을 위한 것입니다. 그리하여 하나님의 은혜가 점점 더 많은 사람에게 퍼져서, 감사하는 마음이 넘치게 하고, 하나님께 영광을 돌리게 하려는 것입니다."

19세기 영국의 유명한 설교가 **챨스 스펄전(Charles Haddon Spurgeon)** 목사님은 이런 말을 했습니다.

> "촛불을 보고 감사하라. 그러면 하나님은 달빛을 주실 것이다.
> 달빛을 보고 감사하라. 그러면 하나님은 햇빛을 주실 것이다.
> 햇빛을 보고 감사하는 자에게는 햇빛도 달빛도 필요 없는 영원한 천국의 빛을 주신다."

하나님은 감사하는 자에게 더 감사할 것을 주십니다. 감사하는 마음에는 사단이 끼어들 틈이 없습니다.

남편의 술주정 때문에 늘 맘 고생을 하던 아내가 있었습니다. 남편은 술에 취해 들어 오는 날이면, 온 집안 살림을 난장판으로 만들곤 했습니다. 하루는 그렇게 술에 취해 잠들어 있는 남편을 바라보다가 울컥 신세 한탄이 몰려와 아내는 하나님께 하소연을 했습니다.

"하나님, 저는 언제까지 이 모양으로 살아야 합니까?"

슬피 울며 한참 탄식하는데, 성령님은 주일 설교 말씀을 떠오르게 하셨습니다.

"하나님은 감사하는 자에게 더 감사할 것을 주십니다. 감사하는 마음에는 사탄이 씨앗을 뿌릴 수가 없습니다." 그래서 아내는 하소연을 감사 기도로 바꾸어 보기로 했습니다.

"하나님, 감사할 일은 아무 것도 생각이 나지 않지만 좌우지간 감사합니다. 그런데, 그 순간 마음에 감동이 몰려 오면서,

"그래도 과부 신세보다야 낫지 않은가? 지금은 저 꼴이지만, 언젠가는 사람이 될는지도 모르지. 고주망태가 되어서도 제 집 찾아오는 것 하나는 신통하다니까……. 특히 토요일마다 더 술에 취해 들어와, 주일날은 꼼짝 못하고 누워 잠을 자니, 내가 교회 간다 뭐라 타박하지 않아 얼마나 다행스러운가" 하는 생각이 들더랍니다.

감사를 시작하자, 정말 감사하는 마음이 들기 시작했습니다. 그래서, 잠든 남편을 바라보며, 혼자 실실 웃고 있는데, 갑자기 남편이 눈을 떴습니다. 자신을 보며 웃고 있는 아내를 본 남편이 깜짝 놀라 " 당신 왜 웃고 있는 거요? 하고 묻자, 아내는 "당신하고 사는 것이 너무 고마워서 그래요."하며, 진심으로 남편에게 고마운 것을 하나, 둘 말해 주었답니다. 그것을 다 듣고 난 남편이 이렇게 한마디 툭 던지더랍니다. "나도 예수 믿어 줄께."

이제 그 아내는 이렇게 간증합니다. "내가 10년을 기도하여도 응답이 없으시던 하나님께서 한 번의 감사기도에 응답하셨습니다."

촛불은 나 한 사람만 겨우 비추어 주지만, 작은 촛불에도 감사 드리면, 하나

님은 달빛, 햇빛을 비추어 주셔서 더 많은 사람들에게 빛을 내려주십니다. 감사드릴 때, 하나님의 은혜가 점점 더 많은 사람들에게 퍼지게 하셔서 영광을 받으십니다.

◇ 감사 기도

우리도 좌우지간 감사해 봅시다. 특별히 우리에게 허락하신 가족, 목장, 이웃에게 감사합시다. 감사는 이들을 축복하여 하나님의 은혜 아래로 이끌어 줄 것입니다.

빌립보서 1:3

"나는 여러분을 생각할 때마다, 나의 하나님께 감사를 드립니다."

오늘의 감사 제목 5가지 적기

_____

_____

_____

_____

_____

_____

_____

◇ 내일의 소망 (기도제목)을 적어 보고 기도하세요.

이제 우리의 소망을 기도로 올려 드립시다. 주님의 마음을 주셔서 서로 친절히 대하며, 불쌍히 여기고, 용서하며 살게 해 주십사 기도합시다.

에베소서 4:31-32

"모든 악독과 격정과 분노와 소란과 욕설은 모든 악의와 함께 내버리십시오. 서로 친절히 대하며, 불쌍히 여기며, 하나님께서 그리스도 안에서 여러분을 용서하신 것과 같이 서로 용서하십시오."

♡ 오늘의 중보 기도 : 보호

시편 3:3-6

"그러나 주님, 주님은 나를 에워싸주는 방패, 나의 영광, 나의 머리를 들게 하시는 분이시니, 내가 주님을 바라보며 소리 높여 부르짖을 때, 주님께서는 그 거룩한 산에서 응답하여 주십니다. 내가 누워 곤하게 잠들어도 또 다시 깨어나게 되는 것은, 주님께서 나를 붙들어 주시기 때문입니다. 나를 대적하여 사방에 진을 친 자들이 천만 대군이라 하여도, 나는 두려워하지 않으렵니다."

예수님도 주기도문에서 "다만 악에서 구해주소서"라고 보호 기도를 하셨던 것처럼, 우리도 주신 사명을 다 마칠 때까지 모든 악에서 우리를 건지고 보호해 주십사 기도합시다. 애굽의 파리떼가 건너가지 못하도록 이스라엘을 보호하셨듯, 오늘 이 땅에서도 주님께서 우리를 보호하시고 사명을 다 감당할 힘을 주실 것입니다.

♡ 뷔아피(비신자)를 위한 기도

요한복음 4:24

"그들은 그 여자에게 말하였다. 우리가 믿는 것은 이제 당신의 말 때문만은 아니오. 우리가 **그 말씀을 직접 들어보고, 이분이 참으로 세상의 구주이심을 알았기 때문**이오."

뷔아피들에게 우리의 간증을 전할 때, 그들이 교회에 나오고 싶은 마음이 생기게 해 주소서. 교회에 나온 뷔아피들은 주의 말씀을 직접 듣게 하시고, 주님이 세상의 참 구주임을 알게 하소서.

✝ 마무리 기도

혜가 풍성하신 하나님,

우리의 눈을 열어 주셔서 하나님이 고난 속에 숨겨 두신 복을 찾게 하소서. 저주를 복으로 바꾸어 주신 예수 그리스도 이름으로 기도합니다.

아멘.

✝ 금식 가이드

- 금식이 단순히 음식을 굶는 시간이 되지 않도록, 기도의 시간과 장소를 지키십시오.
- 기도와 함께 하나님을 찬양하는 시간을 가지십시오. 찬양은 가라앉은 몸과 마음을 다시 일으켜 줄 것입니다.

제 17 일
함께 할수록 커 가는 감사

전도서 4:9-10

"혼자보다는 둘이 더 낫다. 두 사람이 함께 일할 때 더 좋은 결과를 얻을 수 있기 때문이다. 그 가운데 하나가 넘어지면, 다른 한 사람이 자기 동무를 일으켜 줄 수 있다. 그러나 혼자 가다가 넘어지면, 딱하게도 일으켜 줄 사람이 없다."

"맨체스터에서 런던까지 가는 가장 빠른 방법은 무엇인가?"
한 영국 신문사에서 공모한 질문입니다. 많은 사람들이 기발한 답으로 응모했는데, 1위에 당선된 답은 이것이었습니다.

"좋은 친구와 함께 가는 것이다."

듣고 보면, 참 맞는 말입니다. 먼 길도 좋은 친구와 함께 가면 짧게 느껴지기 때문입니다.
감사의 여정에도 **감사를 나눌 수 있는 좋은 친구**가 반드시 필요합니다. 혼자 감사하는 것 보다, 그 감사를 나눌 때, 더 풍성한 감사를 또 더 오래 나눌 수 있기 때문입니다. 또, 감사하는 일을 잠깐 멈추었다가도, 함께 감사를 나누는 사람이 있으면 도전 받아서 다시 시작할 수 있는 힘이 생깁니다.

그러고 보면, 사람은 홀로 살 수 있는 존재가 아닙니다.

성부, 성자, 성령의 삼위일체 하나님은 당신을 지칭할 때 "우리"라고 부르십니다. 하나님의 형상을 따라 지음 받은 사람도 "우리"로 살 때 가장 행복합니다. 그리고 이 "우리"가 깨어질 때 큰 고통을 받습니다.

말 혼자서는 4톤의 무게를 끌 수 있지만, 말 두 필이 힘을 합하면 22톤까지 끌 수 있습니다. 힘을 합하면 몇 배의 힘이 더해지는 것은 바로 하나님께서 창조하신 **우리의 원리** 때문입니다.

김용환 대표는 감사 나눔 신문을 창간하여 서로의 감사를 공유하며 감사 운동을 일으켰습니다. 그는 회사 직원들에게 다섯 가지 감사를 매일 쓰도록 했고, 실천하는 직원에게는 인센티브까지 지급하며 격려했습니다.

그 결과, 일터에서도 변화가 일어났습니다. 한 직원은 가정에서 공공의 적이었지만, 다섯 가지 감사를 나누면서 자녀와 아내에게 존경과 행복을 받게 되었습니다. 직장에서도 모범적인 직원으로 탈바꿈했습니다.

가정에서 소외 당하던 한 아빠가 있었습니다. 아이들은 아빠를 하숙생으로 여기고, 아내는 남편을 원수로 생각했습니다. 그런데, 다섯 가지 감사를 가정에서도 나누다 보니, 자녀들은 "아빠를 존경한다"고 하고, 아내는 "너무 행복하다"고 고백할 정도로 큰 변화가 일어났답니다. 늘 회사에 정착을 못해 다른 곳을 기웃거리던 직원들도 감사를 실천하면서 모범적인 직원들로 탈바꿈을 하더랍니다.

코비드 바이러스만 전염되는 것이 아닙니다., 사람의 감정도 전염이 됩니다. 그런데, 부정적인 감정은 긍정적인 감정 보다 더 빠르게 전염이 됩니다. 이런 불안, 분노, 우울 같은 부정적인 감정에 전염이 되면 심장 박동이 증가하고 혈압이 상승되는 스트레스를 받게 되고, 이런 스트레스때문에 일상 생활의 리듬이 깨지는 어려움을 겪게 됩니다. 그런데, 이런 스트레스를 감소시키는 것이 바로 감사라고 합니다.

우리가 서로에게 감사를 표현할 때, 감사는 뇌 좌측의 전전 두피질을 활성화 시켜서 스트레스를 완화 시켜 주고, 행복을 증진시켜 줍니다.

불안해지면, 우리는 사실을 왜곡해서 볼 때가 많고, 그래서 실수도 많이 저지르게 됩니다. 하지만, 마음이 평강 해지면, 우리는 있는 그대로의 사실을 편안하게 바라보며 대처할 수 있습니다. 감사하는 공동체에 사단의 거짓말이 끼어들지 못하는 이유가 바로 그 때문입니다. 함께 감사하면 서로의 불안을 감소시켜 주고, 함께 일어서서 끝까지 갈 수 있는 힘이 되어줍니다. 그래서, 감사를 나누는 것은 섬김입니다.

오늘도 감사로 섬겨 봅시다. 나의 감사가 우리의 감사로 커 갈 것입니다.

◇ 감사 기도

골로새서 3:15

"그리스도의 평화를 누리도록 여러분은 부르심을 받아 한 몸이 되었습니다. 또 여러분은 감사하는 사람이 되십시오."

사랑의 하나님,
감사를 나눌 수 있는 가정과 목장과 일터와 교회, 그리고 이웃을 허락해 주셔서 감사합니다.
나를 이곳에 두시고, 이 소중한 사람들과 함께 하게 하신 하나님의 은혜를 기억하며 감사드립니다.
주님, 이 관계들 속에서 언제나 감사가 흘러넘치게 하소서.

오늘의 감사 제목 5가지 적기

_____
_____
_____
_____
_____
_____

◇ 내일의 소망 (기도제목)을 적어 보고 기도하세요.

___

___

___

___

___

데살로니가전서 1:2

"우리는 여러분 모두를 두고 언제나 하나님께 감사를 드립니다. 우리는 기도할 때 여러분을 기억하고 있습니다."

우리의 소망을 주님께 올려드립니다.
특별히 제게 감사의 이유가 되어 주신 감사 파트너들을 위해 중보합시다.
"주님, 저와 함께 믿음의 길을 걸어가는 이들을 기억해 주시고,
그들의 삶에 은혜와 평강이 넘치게 하소서.
감사의 끈이 더 견고히 이어져 서로를 세워 주는 동역자가 되게 하소서."

♡ 오늘의 중보 기도 : 지혜

야고보서 1:5

"여러분 가운데 누구든지 지혜가 부족하거든, 모든 사람에게 아낌없이 주시고 나무라지 않으시는 하나님께 구하십시오. 그리하면 받을 것입니다."

다니엘처럼 세상에서 구별되어 하나님을 증거할 수 있는 지혜를 주소서.

♡ 뷔아피(비신자)를 위한 기도

사도행전 8:35-36

"빌립은 입을 열어 그 성경 말씀에서 시작하여 예수에 관한 기쁜 소식을 전하였다. 그들이 길을 가다가 물이 있는 곳에 이르니, 내시가 말하였다. '보십시오. 여기에 물이 있습니다. 내가 세례를 받는 데 무슨 거리낌이 되는 것이라도 있습니까?'"

성령께서 빌립을 이끄셨던 것처럼, 우리도 준비된 자에게 이끌어 복음을 전할 때 뷔아피들이 받아들이고 침례 받는 역사가 일어나게 해 주소서.

✝ 마무리 기도

늘 우리와 함께하시는 임마누엘 하나님 아버지,

나 자신에게만 향했던 시선을 하나님과 이웃에게로 돌리게 하소서.

함께하는 하나님 나라의 행복을 누리며 섬기게 하소서.

세상 끝날까지 우리와 함께하시는 예수 그리스도의 이름으로 기도합니다.

아멘.

✝ 금식 가이드

- 영감을 주는 경배와 찬양 음악을 들으십시오.
- 금식이 당신의 영적 성장을 어떻게 돕는지 묵상해 보십시오.
- 배고픔에 익숙해지십시오.

제 18 일
영적 전쟁의 최고 무기, 감사

역대하 20:21

여호사밧은 백성들과 의논한 다음에, 노래하는 사람들을 뽑아 거룩한 예복을 입히고, 군대 앞에서 행진하게 하였다. 그는 또 노래하는 사람들이 "주님께 감사하여라. 그의 인자하심이 영원하다" 하면서, 주님을 찬양하게 하였다.

이런 우화가 있습니다. 옛날에 악마가 세상에 내려와 창고를 짓고, 그 안에 불평·비방·의심·미움·두려움·질투의 씨앗들을 저장해 두고, 틈만 나면 사람들이 사는 마을에 이 씨앗들을 뿌렸답니다. 그런데 다른 곳에서는 씨앗들이 무럭무럭 잘 자라 났는데, 오직 한 마을에서는 자라지 못했답니다. 그 마을의 이름은 바로 '**감사 마을**' 이었습니다.

이 이야기가 전해 주는 교훈은 단순합니다.
악마의 씨앗이 자라지 못하는 마음이 바로 감사하는 마음이라는 것입니다.
성경 속에서도 감사는 영적 전쟁의 가장 강력한 무기로 등장합니다.
유다의 왕 여호사밧 왕도 이 감사로 적군을 물리쳤습니다.
유다가 모압·암몬·세일 산 사람들의 연합군을 맞아 절체절명의 위기에 처했을 때, 여호사밧 왕은 백성들과 함께 금식하며 하나님의 도우심을 구했는데, 하나님은 선지사를 통해 "이 전쟁은 너희가 싸울 것이 아니다. 대열을 정비하고 굳게 서라. 여호와가 너희를 대신하여 싸우실 것이다" **(대하 20:17)** 라고 말씀해 주셨습니다.

하지만, 적들 앞에서 대열을 정비하여 떨지 말고, 굳건하게 서 있는 것은 쉬운 일이 아니었습니다.

한 사람이라도 두려워 떨면, 그 대열은 흐트러질 것이기 때문입니다.

그래서 여호사밧왕은 찬양팀을 군대 앞에 세웠습니다. 그리고, "주님께 감사하여라. 그의 인자하심은 영원하다" 하고 노래하게 했습니다.

그러자 놀라운 일들이 생겼습니다. 유다 군대는 수없이 많은 적군들 앞에서도 떨지 않고, 대열을 정비하여 굳게 설 수 있었고, 적군들은 서로 싸우고 죽이면서 자멸한 것입니다.

하나님의 말씀으로 원수들 앞에 굳건히 서기 위해 우리는 감사를 노래해야 합니다.

원수 마귀의 어떤 위협과 공격 앞에서도 삶의 대열이 흐트러지지 않고, 굳게 서서 감사와 찬양을 올릴 때, 우리는 흔들리지 않고 하나가 될 수 있습니다.

그렇지 않으면, 위기가 닥칠 때, 유다 군대들 앞에서 자멸했던 적군들처럼 서로 불평하며 물고 뜯다가 망하게 될 것입니다.

그래서, 감사는 영적 전쟁의 최고 무기입니다.

감사로 우리의 적군 악마를 물리칩시다.

◇ 감사 기도

빌립보서 4:6-7

"아무 것도 염려하지 말고 다만 모든 일에 기도와 간구로, 너희 구할 것을 감사함으로 하나님께 아뢰라.
그리하면 모든 지각에 뛰어난 하나님의 평강이 그리스도 예수 안에서 너희 마음과 생각을 지키시리라."

주님, 두려움과 불안 속에서도 감사의 찬양을 올릴 때,
승리가 주님께 있음을 다시 고백합니다.
감사로 제 마음을 지켜 주시고, 공동체를 하나 되게 하소서."
아멘.

오늘의 감사 제목 5가지 적기

_____

_____

_____

_____

_____

◇ 내일의 소망 (기도제목)을 적어 보고 기도하세요.

___

벧전 5:7

"여러분의 걱정을 모두 하나님께 맡기십시오. 하나님께서는 여러분을 돌보고 계십니다."

오늘 우리를 놀라게 하거나 두렵게 하는 문제들을 주님께 올려드리며, 하나님의 전략과 인도하심을 구합시다.
"주여 말씀하소서, 우리가 순종하겠습니다."

♡ 오늘의 중보 기도

기도 포커스 : 나의 연약함

고린도후서 12:9-10

"내 은혜가 네게 족하다. 내 능력은 약한 데서 완전하게 된다."
우리가 부끄러워하던 연약함이 사실은 주님을 더욱 의지하게 만드는 **영적 강점**임을 기억합시다.

오늘은 내 약점을 **감사의 고백**으로 바꾸어 기도합시다.
"주님, 저의 연약함을 통해 주님이 일하심을 감사합니다."

♡ 뷔아피(비신자)를 위한 기도

사도행전 16:31

"주 예수를 믿으시오. 그리하면 그대와 그대의 집안이 구원을 얻을 것입니다."

내가 속한 가정, 일터, 공동체 속 뷔아피들이 예수님을 알고 구원을 얻게 되도록 간절히 기도합시다.

† 마무리 기도

여호와 닛시, 승리의 하나님 아버지,
이미 주신 승리를 믿고 감사로 반응하게 하소서.
어떤 위기 앞에서도 흔들리지 않고 대열을 지키며,
감사와 찬양으로 주님께 영광 돌리게 하소서.
우리의 대장이신 예수 그리스도의 이름으로 기도합니다.
아멘.

† 금식 가이드

- 배고픔이 느껴질 때마다 기도하십시오.
- 배고픔이 느껴질 때마다 성경을 펴십시오.
- 음식 생각이 날 때마다 하나님을 기억하십시오.

제 19 일
감사가 일으켜 줍니다

잠언 24:16

의인은 일곱 번을 넘어지더라도 다시 일어나지만, 악인은 재앙을 만나면 망한다.

고통을 좋아할 사람이 있을까요?

하지만, 폴 브랜드 박사님에게 고통은 소중했습니다.

그는 반 평생을 인도에서 한센병 환자를 치료해 오던 의료 선교사였습니다.

한센병은 팔 다리가 썩어 떨어져 나가도 고통을 느끼지 못합니다.

고통을 느끼지 못하니, 내버려 두다가 결국 온 몸이 썩어져 죽게 되는 것이 한센병입니다. 폴 브랜드 박사님은 고통을 느끼지 못해 결국은 죽게 되는 한센병의 끔찍함을 잘 알고 있었습니다. 그런데 어느 날 폴 선교사님도 하반신에서부터 서서히 감각이 죽어가는 것을 느꼈습니다. 마침내 자신도 한센병에 걸린 것인가 하는 두려움으로 그는 하루 종일 침대에 누워 지냈습니다. 그러다가 혹시나 하는 마음에, 그는 바늘을 들어 자신의 다리를 찔러 보았습니다. '따끔' 하고 통증이 느껴졌을 때, 폴 선교사님은 말할 수 없는 감사를 하나님께 드렸습니다.

그는 이렇게 말했습니다.

"고통은 소중하다. 소리 없이 오는 병이 더 위험하다."
잠언 24:16은 고통이 의인과 악인을 구별해 준다고 말합니다.
"의인은 일곱 번 넘어져도 다시 일어나지만, 악인은 재앙 앞에서 무너진다."
어떻게 고통 속에서 의인은 넘어져도 다시 일어날 수 있을까요? 의인은 고통 속에서도 감사하기 때문입니다. 의인과 악인의 차이는 그들이 위기 앞에서 감사하느냐? 아니면 불평하며 원망하느냐의 차이일 것입니다.

신앙의 자유를 찾아 메이플라워를 타고 미국에 온 청교도들의 감사가 그러했습니다.
그들은 1620년 12월 26일, 117일간의 험난한 항해 끝에 미국 동부 플리머스 해안에 상륙했습니다. 때는 혹독하게 추운 겨울이었습니다. 많은 사람들이 영양실조와 전염병으로 죽었고, 낯선 땅에서의 첫 농사마저 완전히 실패했습니다.
열심히 기도하며 금식하며 성실하게 노동했지만 첫 수확은 실패였습니다. 그러나 그들은 오히려 감사했습니다.
그동안 호의적으로 대해 주었던 인디언들을 초대하여 옥수수, 호박케이크, 칠면조 등을 구워 대접하며 감사를 표현했습니다. 이것이 첫 번째 **추수감사절**이었습니다.
믿음의 사람 링컨 대통령은 추수감사절을 국경일로 제정하며 이렇게 선포했습니다.
"우리의 경건한 조상 청교도들이 미국 땅에 감사의 씨로 뿌린 신앙의 유산을 후손들에게 잘 계승하도록 이 날을 국가 축제일로 선포합니다."

추수감사절의 감사는 풍족해서 드린 감사가 아니었습니다. 여전히 추위와 배고픔과 생존의 위협 속에서 드린, **고통 속의 감사**였습니다. 그러나 그 감사 때문에 믿음의 조상들은 다시 일어날 수 있었고, 감사의 정신을 후손에게 물려줄 수 있었습니다.

하나님이 허락하신 고난은 우리를 까맣게 태워버리는 불꽃이 아니라, 우리를 정금처럼 나오게 하시는 **사랑의 풀무불**입니다. 감사로 승리합시다.

◇ 감사 기도

요즘 겪는 고난과 고통이 있다면, 오늘은 그것을 감사로 드립시다. 다시 일어설 힘을 주실 것입니다.

시편 119:71

"고난을 당한 것이 내게는 오히려 유익하게 되었습니다. 그 고난 때문에 나는 주님의 율례를 배웠습니다."

오늘의 감사 제목 5가지 적기

_____

_____

_____

_____

_____

_____

_____

◇ 내일의 소망 (기도제목)을 적어 보고 기도하세요.

이제 우리의 소망을 기도로 올려 드립시다. 하나님이 불러주신 소명과 사명을 다할 수 있는 힘을 주십사 간구합시다.

_____
_____
_____
_____
_____
_____

빌립보서 3:13-14

"뒤에 있는 것은 잊어버리고, 앞에 있는 것을 향하여 몸을 내밀면서, 그리스도 예수 안에서 하나님께서 위로부터 부르신 그 부르심의 상을 받으려고 목표점을 바라보고 달려가고 있습니다."

♡ 오늘의 중보 기도 : 부흥

부흥은 무엇일까요?

그것은 하나님의 나라가 왕성하게 일어나 이 땅을 점령하는 것입니다. 하나님의 나라의 영향력이 세상 나라를 바꾸는 것입니다.

지금은 어느 때보다 하나님의 능력이 이 땅을 만져 주셔야 할 때입니다. 부흥이 다시 일어나야 합니다. 부흥만이 이 땅의 희망입니다.

소낙비처럼 주님의 영을 부어 주셔서 잃어버린 영혼들의 굳은 마음들이 부드럽게 되게 하소서. 나라들이 주님께로 돌아오게 하소서. 교회들마다 부흥이 임하게 하소서.

기도와 금식 후에는 언제나 부흥이 따라왔습니다. 지치지 맙시다. 오직 성령이 우리에게 임하시면 우리가 권능을 받고, 우리가 선 곳과 지역과 나라와 마침내 땅끝까지 가서 증인이 될 수 있습니다.

♡ 뷔아피(비신자)를 위한 기도

로마서 10:1

"형제자매 여러분, 내 마음의 간절한 소원과 내 동족을 위하여 하나님께 드리는 내 기도의 내용은, 그들이 구원을 얻는 일입니다."

사도 바울이 드린 기도는 지금까지 응답 받고 있습니다. 영혼 구원을 위한 우리의 모든 기도는 사라지지 않고, 영원히 응답 받을 것입니다. 기도합시다.

✝ 마무리 기도

고난 중에 함께해 주시는 하나님,

우리가 세상에 짓밟히는 진흙이 아니라, 주님 손에 빚어지는 진흙이 되게 하소서.

뜨거운 불가마 속에서 구워지는 동안에도 감사하게 하셔서,

고난은 짧고 영광은 긴 인생이 되게 하소서.

십자가의 고난을 기쁨으로 이겨 내신 우리 주 예수 그리스도의 이름으로 기도합니다.

아멘.

✝ 금식 가이드

- 계속해서 물을 마시십시오.
- 주님께서 인도해 주시고 힘 주시도록 기도하십시오.
- 묵상한 것들을 문서로 남겨 놓으십시오.

제 20 일
예수님의 감사

요한복음 4:14

"그러나 내가 주는 물을 마시는 사람은, 영원히 목마르지 아니할 것이다. 내가 주는 물은, 그 사람 속에서, 영생에 이르게 하는 샘물이 될 것이다."

평생 감사 운동을 하고 계신 전광 목사님은 예수님께 **네 가지 감사**를 배웠다고 합니다.

첫째, 이미 자신에게 있는 것으로 감사하는 것입니다.
오병이어의 기적은 어린이가 가진 작은 도시락에 대한 감사로부터 시작되었습니다.
어린 소년이 자신이 가진 물고기 두 마리와 보리떡 다섯 덩이를 예수님께 드렸을 때, 예수님은 "이게 다냐?"라고 실망하지 않으셨습니다. 오히려 하늘을 우러러 감사하시고, 사람들에게 나눠 주셨습니다. 그 때 놀라운 일이 일어났습니다. 남자만 오천명이 넘는 사람들이 배불리 먹고도 12 광주리가 남은 것입니다. 아무리 작은 것이라 할지라도 감사할 때, 기적이 일어납니다.

둘째, 실패에 대해서도 감사하는 것입니다.

애써 전도한 마을에서 배척당하자, 예수님을 한탄하셨습니다.

"고라신아, 너에게 화가 있다. 벳새다야, 너에게 화가 있다. 너희 마을들에서 행한 기적들을 두로와 시돈에서 행했더라면, 그들은 벌써 굵은 베옷을 입고, 재를 쓰고서 회개하였을 것이다." **(마 11:21)**

그러나 이런 상황 속에서도 예수님은 감사로 되돌아가셨습니다.

"하늘과 땅의 주님이신 아버지, 이 일을 지혜 있고 똑똑한 사람들에게는 감추시고, 어린 아이들에게는 드러내어 주셨으니, 감사합니다. 그렇습니다. 아버지, 이것이 아버지의 은혜로운 뜻입니다." **(마 11:25-26)**

어른들은 예수님을 배척했지만, 아이들이 예수님을 따른 것에 감사하셨습니다. 그리고 이 모든 일이 하나님의 은혜로운 뜻임을 인정하셨습니다. 우리는 열심히 수고한 만큼의 열매가 맺히지 않을 때 쉽게 낙심하고, 때로는 분노합니다. 그러나 예수님은 그 가운데서도 하나님의 뜻을 발견하고 감사하셨습니다.

셋째, 깊은 슬픔 속에서도 감사하는 것입니다.

나사로가 죽었을 때, 그의 무덤 앞에서 예수님은 슬퍼하며 함께 우셨습니다. 하지만, 슬퍼하는 것으로 끝나지 않으셨습니다. 감사 기도를 드리셨습니다.

"아버지, 내 말을 들어주신 것을 감사드립니다." **(요 11:41)**

초상집에서 "하나님 감사합니다."하고 말하는 것은 쉽지 않습니다. 그러나 예수님은 눈물을 흘리시면서도 감사하셨습니다. 왜냐하면, 감사는 죽음이 아니라, 죽음 너머의 부활과 영생을 보게 하기 때문입니다.

넷째, 감사함으로 십자가를 이기셨습니다.

이제 15시간 이후면 극심한 고통 속에서 죽음을 맞이해야 한다는 사실을 아시면서도 예수님은 제자들과 함께 식사하시며 감사기도를 드리셨습니다. 히브리서 기자는 이렇게 기록합니다.

"예수님은 자기 앞에 있는 기쁨을 내다보고서 십자가를 참으셨다." **(히 12:2)** 억지로 십자가를 지신 것이 아니라, 기쁨으로, 감사함으로 지셨다는 것입니다. 예수님은 항상 이렇게 감사하셨습니다.

삶이 흔들릴 때, 콜라병 같은 사람이 있고, 생수병 같은 사람이 있습니다. 콜라병 같은 사람은 뚜껑이 열리자 마자 기포를 뿜으며, 자신을 다 쏟아 버려서, 결국 후회만 남깁니다. 하지만 생수병 같은 사람은 아무리 흔들려도 뚜껑을 열었을 때, 잠잠합니다. 맑은 물 그대로 잔잔하게 자신을 내어 줍니다. 예수님은 우리 안의 생수가 되어 주셨습니다. 우리가 예수님의 감사를 닮아갈 때, 세상이 아무리 우리를 흔들어대도, 뚜껑을 열면, 잔잔한 생수만이 흘러 나올 것입니다

◇ 감사 기도

예수님의 감사를 따라 감사 기도를 드려봅시다.

예수님이 주시는 생수를 마시는 사람은 외부의 환경에 상관 없이 속에서부터 흘러나오는 만족과 기쁨을 감사합시다.

우리에게 있는 작은 것들에 대해, 실패 속에 숨겨진 하나님의 은혜로운 뜻에 대해, 슬픔이 슬픔으로 끝나지 않음에 대해, 무엇보다 우리에게 주신 십자가 사명 뒤에 올 큰 기쁨을 내다 보며 감사할 수 있습니다.

오늘의 감사 제목 5가지 적기

_____

_____

_____

_____

_____

◇ 내일의 소망 (기도제목)을 적어 보고 기도하세요.

_____
_____
_____
_____
_____

골로새서 3:17

"그리고 말이든 행동이든 무엇을 하든지, 모든 것을 주 예수의 이름으로 하고, 그분에게서 힘을 얻어서, 하나님 아버지께 감사를 드리십시오."

오늘은 회복을 위해 기도합니다.
- 회개의 영을 부어 주셔서, 개인과 가정, 교회와 일터의 깨어진 관계가 회복되게 하소서.
- 부부가 하나 되게 하시고, 가정이 하나 되게 하시며, 교회가 하나 되게 하소서.

♡ 오늘의 중보 기도

주님, 저희 공동체와 나라 위에 회개의 영을 부어 주셔서, 상처와 분열이 치유되고 온전한 회복이 일어나게 하소서.

♡ 뷔아피(비신자)를 위한 기도

요한계시록 3:20

"보아라, 내가 문 밖에 서서 문을 두드리고 있다. 누구든지 내 음성을 듣고 문을 열면, 나는 그에게로 들어가서 그와 함께 먹고, 그는 나와 함께 먹을 것이다."

주님, VIP들의 마음 문을 두드려 주시옵소서. 목장에서, 일터에서, 심지어 드라마를 보는 순간에도 주님의 음성이 늘려서서 마음을 열고 주님을 영접하게 하소서.

† 마무리 기도

영광스러우신 하나님 아버지,

예수님께서 보여주신 감사의 본을 따라 작은 것, 실패, 슬픔, 그리고 십자가까지도 감사하게 하심을 감사합니다.

우리의 최고의 감사 되신 예수님의 이름으로 기도합니다.

아멘.

† 금식 가이드

- 항상 말씀 안에 머물며 기도하십시오.
- 찬양과 경배의 노래로 예배하십시오.
- 배고픔의 고통 속에서도, 지금까지 인도하신 은혜를 기억하며 감사하십시오.
- 금식 중 경험한 은혜와 주님께서 주신 계시를 기록하며 감사 기도를 드리십시오.

제 21 일
감사로 가꾸어 가는 영혼

아가서 4:16

"북풍아, 일어라. 남풍아, 불어라. 나의 동산으로 불어오너라. 그 향기 풍겨라. 사랑하는 나의 임이 이 동산으로 와서 맛있는 과일을 즐기게 하여라."

감사의 삶은 어떤 바람이 불어와도 풍기는 것은 향기 밖에 없는 아가서의 동산과 같습니다.
감사의 삶에는 항상 열매가 풍성히 맺히기 때문입니다. 우리 영혼의 동산이 감사로 계속 가꾸어져 갈 소원합니다.
16세기 아빌라의 성 테레사는 기도의 성숙 과정을 **정원에 물을 대는 네 단계**로 설명했습니다. 이 네 단계는 감사가 성숙해 가는 과정을 잘 설명해 줍니다.

① **첫 단계 - 우물에서 물 긷기**

첫 단계는 우물에서 자신의 힘으로 물을 길어 정원에 물을 대는 방식입니다. 깊은 우물에서 물을 긷는다는 것은 수고가 필요합니다. 감사의 여정을 시작하는 단계도 마찬가지입니다. 감사를 찾기 위해 수고하고, 노력해야 합니다.

② 둘째 단계 - 도르래 달린 우물

두번 째 단계는 그 우물에 도르래를 다는 것입니다. 여전히 우물에서 물을 긷는 수고는 있지만, 매일 매일 감사를 찾는 습관이 정착되면서, 조금은 수월해 집니다.

③ 셋째 단계 - 강물을 끌어들이는 수로

세번 째 단계는 흐르는 강물에 수로를 대서 강물이 직접 정원으로 흘러 들어오게 하는 것입니다. 특별히 찾지 않아도, 감사가 흘러 들어옵니다. 노력하지 않아도 감사가 저절로 되는 단계입니다

④ 넷째 단계 - 하늘에서 내리는 비

이제 내가 할 일은 아무것도 없습니다. 모든 것이 은혜임을 깨닫는 단계입니다. 내 것이 내 것이 아니라 다 주님의 것임을 알게 될 때, 일상의 모든 것이 감사로 느껴집니다.

일본의 눈깜박이 시인, 미즈노 겐조는 아마도 이 네 번째 감사를 평생 누린 사람일 것입니다.

그는 14살 때 뇌성마비를 앓은 후, 움직일 수 있는 것은 눈동자를 움직이며 깜빡이는 것뿐이었습니다. 그러나, 그는 그 눈으로 성경을 읽고 예수님을 영접한 후 눈 깜박임으로 시를 쓰기 시작했습니다. 그의 시를 읽다 보면, 하늘에서 은혜의 단비가 내리는 것 같습니다.

□ **미즈노 겐조의 감사에 관한 시 두 편을 소개합니다.**

❖ 감사

햇살을 받으며
조카딸이 손톱을 깎아 주었다.
벚꽃을 바라보며
제수씨가 머리카락을 잘라 주었다.
눈 녹는 소리를 들으며
동생이 목욕을 시켜 주었다.
이른 봄의 달을 보며
하나님의 은혜에
감사했다.

❖ 감사함

말을 못하는 나는
'감사합니다'라는 말 대신에
미소를 짓는다.
아침부터 몇 번씩
미소를 짓는다.
괴로울 때도, 슬플 때도,
진심으로 미소를 짓는다.

감사의 여정 마지막 날입니다.

그동안 우리는 우물에서 물을 긷듯 수고함으로 감사를 연습했습니다. 이제 이 감사의 습관이 붙은 사람들은 감사가 점차 자연스럽게 느껴지고 저절로 감사가 될 것입니다.

그러면, 이제 하늘에서 내리는 은혜의 단비로 대지가 적셔지듯 "내가 한 것은 아무것도 없습니다. 모든 것이 주님의 은혜입니다"라는 고백을 하게 됩니다.

이 고백이 진심으로 우러러 나올 때, 우리는 비로소 아무것도 움직이지 못해도 눈빛 하나 만으로도 아름다운 시를 썼던 미즈노 겐조처럼 감사의 미소로 빛날 수 있게 될 것입니다.

◇ 감사 기도

데살로니가전서 5:18

"모든 일에 감사하십시오. 이것이 그리스도 예수 안에서 여러분에게 바라시는 하나님의 뜻입니다."

주님, 모든 것을 감사드립니다.
우리가 모든 일에 감사하는 것이 하나님의 뜻임을 믿습니다.
하나님의 뜻대로 살 때 반드시 좋은 일이 생길 줄 믿습니다.

오늘의 감사 제목 5가지 적기

_____

_____

_____

_____

_____

◇ 내일의 소망 (기도제목)을 적어 보고 기도하세요.

_____
_____
_____
_____
_____

골로새서 4:2

"기도에 힘을 쓰십시오. 감사하는 마음으로 기도하면서, 깨어 있으십시오."

우리의 소망을 간절한 기도로 올려 드립시다.
특히 감사로 늘 깨어 있는 사람이 되게 해 주옵소서.

♡ 오늘의 중보 기도 : 성령 충만과 감사

에베소서 5:18-20

"술에 취하지 마십시오. 거기에는 방탕이 따릅니다. 성령의 충만함을 받으십시오. 모든 일에 언제나 우리 주 예수 그리스도의 이름으로 하나님 아버지께 감사를 드리십시오."

주님, 성령 충만으로 복잡한 문제들을 단순하게 보고, 나를 증명하는 삶이 아니라 하나님을 증거하는 삶을 살게 하옵소서.
스물하루 날 동안 다니엘 금식 기도로 함께하게 하심을 감사드립니다.

♡ 뷔아피(비신자)를 위한 기도

에베소서 1:17

"우리 주 예수 그리스도의 하나님이신 영광의 아버지께서 지혜와 계시의 영을 여러분에게 주셔서, 하나님을 알게 하시고."

주님, 뷔아피에게 지혜와 계시의 영을 부어 주셔서 하나님을 깊이 알게 하옵소서.

✝ 마무리 기도 - 송명희 시인의 고백

「공평하신 하나님」

나 가진 재물 없으나

나 남이 가진 지식 없으나

나 남에게 있는 건강 있지 않으나

나 남의 갖고 있지 않는 것 가졌으니

나 남이 보지 못한 것을 보았고

나 남이 듣지 못한 음성 들었으며

나 남이 받지 못한 사랑 받았고

나 남이 모르는 것 깨달았습니다.

공평하신 하나님,

나 남이 가진 것 나 없지만

나 남이 없는 것을 갖게 해 주서서 감사합니다.

내게 가장 귀한 분, 예수 그리스도의 이름으로 기도합니다.

아멘.

✝ 금식 가이드

- 금식이 끝났다고 갑자기 기름진 음식을 먹지 마십시오.
- 처음엔 간단한 죽으로 시작하고 점차 음식을 늘려 가십시오.
- 경험을 함께 나눌 사람들을 찾으십시오.
- 감사하며 기뻐하십시오.
- 묵상 기도 노트에 느낀 점을 적으십시오.
- 하나님께서 앞으로 하실 일을 기대하십시오.
- 하나님을 찬양하십시오.

지은이
정희승

- 1970년 6월 3일생
- 1993 이화여대 특수교육학과 졸업
- 방일 초등학교, 정진학교 특수학교 교사
- 1998- 1999 예수전도단파송남아프리카공와국선교사
- 2007 University of Texas at Austin : Early Childhood Special Education Master
- Texas Austin Sammy's house 특수 교사
- 2009 AAEYC -Madeline Sutherland Award 특수 교사상 수상
- 2000~ Texas Austin 늘푸른교회 사모로 약 25년간 섬김
- 현재 분당 성시교회 사모

북미 가정교회에서 말씀의 삶, 기도의삶 강사로 섬겼으며, 부모 기도수첩, 다니엘 기도수첩 등을 만들어 미주교회를 섬기며 함께 기도하는 일에 힘써오고 있다.

최근에는 바이블GPS(출간 예정)를 만들어 100여 개 교회를 섬겼으며, 귀국하여 한국 가정교회 '통독의 삶' 강사로 섬기고 있다.

남편인 정기영 목사는 성시 교회 담임으로 섬기고 있으며, (전 어스틴 늘푸른 교회를 25년간 담임, 가정 교회 북미 이사와 실행위원으로 섬김) 슬하에 딸 정하람 (1996년)과 정하리(2000년)을 두고 있으며, 큰 딸 정하람은 어스틴 삼성 HR 근무하며 결혼하여 가정을 이루어, 청년 목장의 목자로 섬기고 있다. 둘째 딸 정하리는 @bithapi 80만 유투버로 일하고 있다.

참고문헌

- 황성주. 절대 감사. 서울: 규장, 2013.
- Robert A. Emmons, Thanks!: How the New Science of Gratitude Can Make You Happier. Boston: Houghton Mifflin, 2007.
- Robert A. Emmons & Michael E. McCullough (Eds.), The Psychology of Gratitude. Oxford University Press, 2004.
- 크리스 코시. 관계의 기술: 관계의 변화를 일으키는 뇌기술. 손정훈 옮김. 서울: 토기장이, 2021.
- Emmons, Robert A. Thanks!: How the New Science of Gratitude Can Make You Happier. Boston: Houghton Mifflin, 2007.
- Emmons, Robert A., and Michael E. McCullough, eds. The Psychology of Gratitude. Oxford: Oxford University Press, 2004.
- 앤 보스캠프, 《천 개의 감사》, 두란노, 2012. (원제: One Thousand Gifts, Zondervan, 2011)
- 류태영. 언제까지나 나는 꿈꾸는 청년이고 싶다. 서울: 국민일보, 2013.
- 전광. 평생 감사. 서울: CLC, 2010.
- C.S. 루이스. 순전한 기독교 (Mere Christianity). 1952
- 에드 디너(Ed Diener), "Don't worry, be (moderately) happy, research suggests", University of Illinois News, 2008.
- 한국갤럽조사연구소, "한국의 행복 지수", 한국
- Amazing Grace 찬송가, 존 뉴턴(John Newton), 1772
- Charles Haddon Spurgeon, Morning and Evening Devotional